青海省博物馆 编

匠心传承
——青海非物质文化遗产精品展

文物出版社

图书在版编目（CIP）数据

匠心传承：青海非物质文化遗产精品展 / 青海省博
物馆编. — 北京 : 文物出版社, 2023.10
　　ISBN 978-7-5010-7986-5

　　Ⅰ . ①匠… Ⅱ . ①青… Ⅲ . ①非物质文化遗产－青
海－图录　Ⅳ . ①G127.44-64

中国版本图书馆CIP数据核字（2023）第032372号

匠心传承——青海非物质文化遗产精品展

编　　　者　青海省博物馆

执行统筹　张秀福
执行人员　孙　敏　张　轩　尚雅君　马嫦仪

责任编辑　冯冬梅
装帧设计　谭德毅
责任印制　张道奇

出　　版　文物出版社
社　　址　北京市东城区东直门内北小街2号楼
网　　址　http://www.wenwu.com
经　　销　新华书店
印　　刷　文物出版社印刷厂有限公司
开　　本　889mm×1194mm　1/16
印　　张　13.25
版　　次　2023年10月第1版
印　　次　2023年10月第1次印刷
书　　号　ISBN 978-7-5010-7986-5
定　　价　350.00元

《匠心传承——青海非物质文化遗产精品展》
编辑委员会

主　　任：张　宁

副 主 任：高　波

编　　委：周存云　刘实民　朱桂英　王进先　李永翙

　　　　　元旦尖措　赵维山　黄培培　王建新

主　　编：王进先

副 主 编：黄培培　元旦尖措

执行编辑：胡学捷

委　　员：象多杰本　龚　锐　吴海涛　李　峰　董艳鸽

　　　　　王世威　刘　丽　弓俭鸽　徐　锐　李雁楠

审　　校：象多杰本　胡学捷　佛　音　龚　锐　李光耀

展览组委会

序（一）

  非物质文化遗产作为人民群众智慧的结晶和创造力的体现，具有重要的文化价值、精神价值、教育价值和审美价值，是中华文明绵延传承的生动见证。为深入学习践行习总书记关于传承和弘扬中华优秀传统文化和铸牢中华民族共同体意识相关指示精神，在青海省文化和旅游厅、青海省文物局的指导下，由青海省博物馆承办的"青海非物质文化遗产精品展"，通过展示青海独具地域特征和民族特色的非遗代表性项目及保护传承发展成果，对于延续历史文脉、坚定文化自信、推动文明交流互鉴、建设社会主义文化强国具有重要意义。

  本次展览以国务院公布的五批国家级非物质文化遗产代表性项目名录和青海省政府公布的五批省级非物质文化遗产代表性项目名录为依托，得到省内各级文旅单位和非遗传承人的鼎力支持，共汇集各类展品 180 余件（套），通过实物展示、背景介绍、场景还原、多媒体展示、活态展演、互动体验等方式，全方位、多角度向社会公众展示近年来青海非遗保护传承发展成果，阐释青海建立文化生态保护区的天然条件，让文化旅游"靓"起来、文旅品牌"响"起来、文创资源"活"起来，力求达到"看非遗游青海"的展览效果，以此推动各民族文化的传承保护和创新交融，树立和突出各民族共享的中华文化符号。

张宁

2022 年 8 月

序（二）

　　青海自古就是多民族聚居之地，经过长期迁徙和交融，形成了今日以汉族、藏族、回族、土族、撒拉族和蒙古族六个世居民族为主的多元格局。多元民族文化创造了青海地区丰富多彩的非物质文化遗产，它承载一方水土的历史轨迹、文化精髓、精神依托与情感寄寓，蕴藏着各民族的文化基因。青海作为非物质文化遗产的"富矿区"，截止到 2021 年，各级非物质文化遗产项目共计 2300 余项。形式丰富多彩、民族特色鲜明的非物质文化遗产不仅是青海悠久历史的见证，更是增强民族凝聚力、铸牢中华民族共同体意识的重要纽带。

　　青海省博物馆在文旅融合的背景下，深入践行新发展理念，主动融入新发展格局，牢牢把握新发展契机，历经 2 年时间对安消防和展陈提升改造，结合青海获得三个国家公园示范区为契机，推出常设展览"青海非物质文化遗产精品展"，将青海广袤土地上独具地域特征和民族特色的非物质文化遗产代表性项目串联起来，辅以青海古建风情、自然风景等，让青海历史变得时尚，让青海文化变得可亲，让青海旅游更有内涵。

　　在展览内容上，较之原有的非遗展陈列更具时效性。依托国务院公布的五批国家级非物质文化遗产代表性项目名录和青海省政府公布的五批省级非物质文化遗产代表性项目名录，对青海省非遗项目进行梳理整合，选取黄南藏戏、热贡艺术、花儿、格萨尔等联合国教科文组织人类非物质文化遗产代表作项目 6 项，加牙藏族织毯技艺、土族纳顿节、土族盘绣、骆驼泉传说、塔尔寺酥油花等国家级非遗项目 88 项，河湟剪纸、河湟刺绣等省级非遗项目 17 项以及与传统文化展现形式相关的实物和场所作为展示对象。

　　在展览布局上，打破传统以美术、书法、音乐、舞蹈、戏剧、曲艺等门类的非遗分类展示模式，以非遗项目所凸显出的青海民族文化交融性、多元性、独特性作为展览叙事逻辑，将展览划分为河湟神韵、民族风情、文化生态保护区三个单元进行体系构架，突出青海独具地域特征和民族特色的非遗代表性项目。

青海非遗保护工作将坚定不移坚持以习近平新时代中国特色社会主义思想和党的二十大精神为指导，继续贯彻"保护为主、抢救第一、合理利用、传承发展"的工作方针，深入实施非物质文化遗产传承发展工程，切实提升非物质文化遗产系统性保护水平，推动优秀传统文化创造性转化、创新性发展，增强青海优秀传统文化的生命力和影响力，筑牢中华民族共同体意识，繁荣发展文化事业和文化产业，满足新时代人民群众对美好生活的新需求。

王建光

2022 年 9 月

前　言

　　青海是非物质文化遗产的"富矿区"，丰富多彩、民族特色鲜明的非物质文化遗产不仅是青海悠久历史的见证，更是增强民族凝聚力、铸牢中华民族共同体意识、联结民族情感的重要纽带。

　　目前，全省有联合国教科文组织人类非物质文化遗产6项（热贡艺术、花儿、黄南藏戏、格萨尔、河湟皮影戏、藏医药浴法），国家级非物质文化遗产88项，省级非物质文化遗产235项；国家级非物质文化遗产代表性传承人88名，省级代表性传承人343名。有热贡文化、格萨尔文化（果洛）、藏族文化（玉树）3个国家级文化生态保护（实验）区和土族（互助县）、德都蒙古族（海西县）、循化撒拉族、河湟文化（海东）4个省级文化生态保护实验区。有互助土族文化传播公司等5个国家级非遗生产性保护示范基地和热贡龙树画院等7个省级非遗生产性保护示范基地；有循化圣驼民族工艺品有限公司等27个省级非遗传承基地；青海马莲花民间工艺文化传承有限公司等40个"青绣"就业工坊；各级各类非遗传习所（中心）300余个。

目　录

第一单元　　河湟神韵

第二单元　　民族风情

第三单元　文化生态保护（实验）区

热贡文化生态保护区

格萨尔文化（果洛）生态保护实验区

藏族文化（玉树）生态保护实验区

青海省文化生态保护（实验）区

第一单元　河湟神韵

　　河湟地区极具神韵，是黄河、大通河和湟水河流过的地方，这里地域辽阔，民族众多，具有独特的人文地理和环境风貌，留下了远古人类文明的足迹，千百年来他们手足相亲、守望相助，孕育出河湟地区多民族文化交融并存的非物质文化遗产。多民族参与的"花儿""曲艺""皮影""土族纳顿节""撒拉族婚礼"等非遗项目，充满了无穷魅力，散发着迷人的光芒。

青海汉族民间小调

国家级非物质文化遗产项目

　　青海汉族民间小调主要由三弦、竹笛、板胡等民间乐器伴奏，其诗词格律是以七言为主的自由格律体，唱词多为分节歌，每节以四句式为主，节拍多系 2/4、4/4 拍。代表性曲目有《放风筝》《四季歌》等。

■ 青海平弦

国家级非物质文化遗产项目

又称"西宁赋子"，被誉为青海地方曲艺中的"阳春白雪"。

青海平弦多取材于历史故事、民间传说等，其主要特点是唱腔委婉，念白地方化，生、旦的韵白吸收了京剧、秦腔的念法。演唱者一手持筷子、一手夹瓷碟，互相敲击掌握节奏。

青海越弦

国家级非物质文化遗产项目

青海越弦一人多角，不扮装，没有道白，为坐唱艺术，伴奏乐器主要有板胡、二胡、扬琴、三弦、碰铃、梆子等。演唱内容多源自金元杂剧、近代民间生活故事等，代表曲目有《小姑贤》《秋莲捡柴》等。

青海下弦
国家级非物质文化遗产项目

下弦产生于清朝末期，是青海土生土长的曲艺种类，为坐唱艺术，采用独特的下弦定弦法定位伴奏，伴奏乐器为三弦和板胡。代表曲目有《林冲买刀》《鸿雁传书》等。

贤孝（西宁贤孝）

国家级非物质文化遗产项目

西宁贤孝由明代讲唱世俗故事的"宝卷"演变而来，其最大特点是说唱结合，有大段的成套说白。演唱时分前岔曲、主曲、后岔曲三部分。代表曲目有《芦花计》《李翠莲上吊》等。

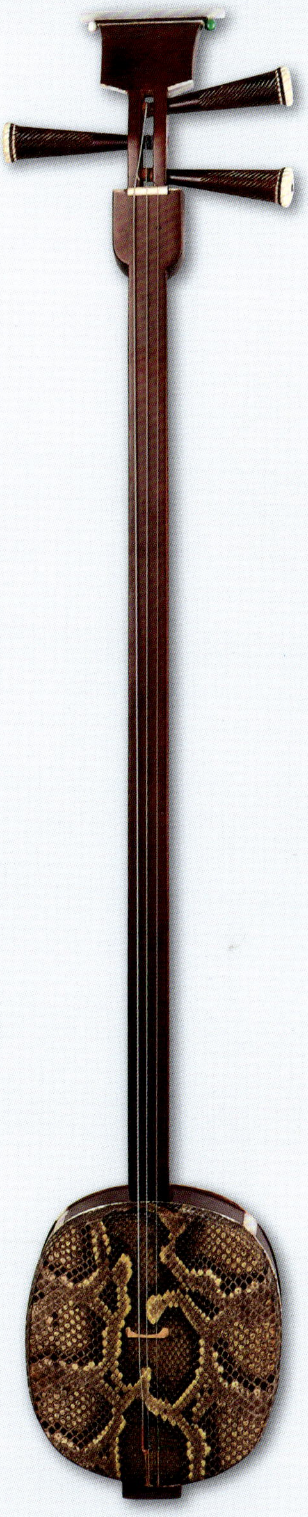

大三弦琴

现代

长 120 厘米，宽 21 厘米

三弦，又称"弦子"，中国传统弹拨乐器，是青海地方曲艺主要伴奏乐器之一。琴头上端为锄头状，琴颈为指板，比较长。琴身又称琴鼓，略呈方形，以原木凿空，或以木片胶合成木框，两面蒙皮。琴弦三根，侧抱于怀演奏，其音色粗犷、豪放，可以独奏、合奏或伴奏。

板胡

现代

长 76 厘米，宽 10 厘米，厚 6 厘米

二胡

现代

长 69 厘米，宽 15 厘米

竹笛

现代

长 56 厘米

箫

现代

长 60 厘米

铜钹

现代

直径 34 厘米

铜碰铃

现代

高 4 厘米，直径 7 厘米

亦称双磬、铃钹等，为碰奏体鸣乐器，广泛用于中国歌舞、戏曲音乐伴奏及民间器乐合奏中。碰铃用响铜或黄铜制作，其形如一对杯状小钟，铃底有孔系绳穿连，两只互击发音，无固定音高，亦有单铃置于棍端，用金属击奏，其音色清脆悦耳。响铜制的铃延音悠长，黄铜制的铃延音较短。

月琴

现代

长 68 厘米，宽 40 厘米

■ 土族纳顿节

国家级非物质文化遗产项目

纳顿节是民和三川地区土族独有的民俗活动。从农历七月十二日一直延续到农历九月十五日结束，被称为"世界上最长的狂欢节"。

活动以舞蹈和戏剧表演为主，其正会由跳会手、跳面具舞（傩戏）、跳"法拉"三部分组成，有着鲜明的地方特色。

■ 纳顿鼓表演

■ "庄稼其"面具舞

■ 五将面具舞

纳顿节五将面具

现代

高 50 厘米，宽 35 厘米

纸糊"庄稼其"青年面具

现代

高 45 厘米，宽 30 厘米

纳顿节皮鼓

现代

高 45 厘米，直径 46 厘米

■ 皮影戏（河湟皮影戏）
联合国教科文组织人类非物质文化遗产代表作名录项目

又称"青海皮影戏"，有着独立、成熟的板腔体声腔体系。皮影人物主要分稍子（头）和身子两大部分。皮影戏班多由五人组成，把式一人操纵生、旦、净、丑等角色并兼任说唱，其他四人负责音乐伴奏。

皮影雕刻刀

制作皮影的牛皮

■ 皮影制作流程

落样

雕刻

敷彩

定型

定联

"八抬大轿"皮影

民国时期

长 124 厘米，宽 66 厘米

场景是皮影戏中一些人物活动的场面，这些场面由戏中角色、道具组成。车轿
銮舆即是其中较大而又复杂的一类，轿子有二人抬、四人抬、八人抬，甚至
十六人抬，民国时期"八抬大轿"皮影表现的是新娘坐着八抬大轿出嫁的场景，
轿子和轿夫刻工精细，形象生动，在给人以真实感的同时，令人叹服艺人们惊
人的想象力和娴熟的刀工技巧。

皮影戏的伴奏乐器有三弦、板胡、二胡、干鼓(座鼓)、唢呐、钹、锣、笛子等。皮影戏乐器中，二胡柔和低沉、婉转流利，三弦浑厚圆润，板胡清脆高远、明亮抑扬，加上锣、鼓、钹和唢呐，根据不同唱腔演奏起来，十分和谐动听。皮影戏不仅是光、影、色的组合，而且还有声乐的伴奏，这样才使皮影戏更具有丰富的艺术观赏性。

皮影道具·铜锣

民国时期

直径 23 厘米

皮影道具·木三弦琴

现代

长 100 厘米，宽 13 厘米

皮影道具·木鼓

民国时期

直径 26 厘米

皮影道具·铜钹

现代

直径 32 厘米，厚 3.2 厘米

大通农民画

省级非物质文化遗产项目

大通农民画既有汉族色彩清秀、图案精美的特点，又有少数民族色彩强烈、装饰性强的特点，所描绘的画面内容丰富，生活气息浓郁，地方特色鲜明，具有广泛的群众性和地域性。

"下藏棋"农民画

现代

长 76 厘米，宽 54 厘米

画面中两个藏族儿童身穿藏袍，趴在地上进行下棋游戏，左边儿童双手捂住脸颊，右边儿童拿着棋子，上部及右下方画有五只卧着的羊，左下部画有一只狗。整个画面用色热烈、明快、响亮、轻松、自由，充满喜庆感。

拉仁布与吉门索

国家级非物质文化遗产项目

土族民间长诗，以口耳相传的方式传袭，讲述了穷人拉仁布和牧主的妹妹吉门索的爱情悲剧，由于吉门索兄嫂的百般阻挠，这对恋人的爱情终归于失败，被誉为土族版的《梁山伯与祝英台》。

■ 祁家延西

国家级非物质文化遗产项目

　　《祁家延西》是土族民间叙事诗，记载了土族历史上第十一代土司祁延西不顾年迈体衰，毅然率领子弟抗击入侵之敌，英勇献身的事迹，表现了土族人民深明大义，维护国家统一的大无畏精神。

■ 蒸馏酒传统酿造技艺（青海青稞酒传统酿造技艺）

国家级非物质文化遗产项目

　　青海青稞酒传统酿造技艺是以优质青稞为原料，采用"清蒸清烧四次清"工艺，经80天纯粮酿造的技艺。由于进行了缓火蒸馏、量质摘酒、分级贮存、精心勾兑等工序，其口感绵柔、香气纯正。

▋ 花儿

联合国教科文组织人类非物质文化遗产代表作名录项目

花儿主要流传于中国西北部甘、青、宁三省（区），是由汉、藏、回、土、撒拉等民族共享的民歌。花儿分为"河湟花儿""洮岷花儿"和"六盘山花儿"三大类，青海东部地区是河湟花儿的主要流传区域。 河湟花儿主要反映生活、爱情、劳动等内容，用赋、比、兴的艺术手法即兴演唱，语言朴实，比兴借喻优美。

名称	地区	时间	曲令	主要内容
瞿昙寺花儿会	乐都区瞿昙镇	农历六月十四至十六	《碾伯令》《依呀依令》《盘山令》	
老爷山花儿会	大通县老爷山	农历六月初六	《直令》《尕马令》《白牡丹令》《大通令》	唱花儿、朝山、野游、物资交流、佛事活动等
丹麻土族花儿会	互助县丹麻镇	农历六月十一至十五	《好花儿令》《尕连手令》《梁梁上浪来令》	
七里寺花儿会	民和县古鄯镇	农历六月初六	《直令》《马营令》《河州令》	

花儿令

民间把花儿曲调称为"令"，有的以地名命名，如"湟源令""西宁令"；有的以民族命名，如"土族令""撒拉令"；有的以代名词命名，如"尕阿姐令""尕肉儿令"；有的以衬词命名，如"白牡丹令""尕马儿令"等。

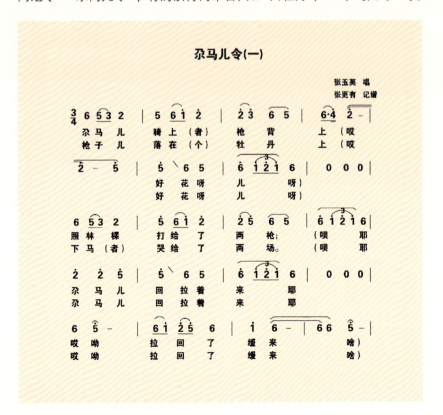

▍土族服饰
国家级非物质文化遗产项目

　　土族服饰种类繁多，别具一格，有绚丽多姿、恰似彩虹的"花袖衫"，线条流畅、典雅美观的鞋饰"恰绕"，鲜艳别致的头饰"扭达儿"等，还有艳丽夺目、巧夺天工的前裙、腰带等刺绣饰物。

　　夏季土族男子喜穿绣花高领的白色短褂，短褂上系有绣着"孔雀戏牡丹"图案的围兜，外套黑色或紫色的坎肩，小襟上部镶有"八瓣莲花"等图案的花兜。这种短褂多在节日里穿，腰系两头绣花或不绣花的腰带，右侧挂一绣花小褡裢，或绣花烟袋，下穿黑色或蓝色的裤子。

　　土族女子服饰的式样、色彩、原料、制作工艺颇为精致美观。她们喜穿盘袄，分单、夹、棉三种。其式样是小领斜襟，领口有三四层绣花的加领，每层加领都用五颜六色的丝线绣上千姿百态的图案。袖口和衣襟镶有花边，两袖用象征太阳、大地、蓝天、生命、宇宙和阴阳的红、黄、蓝、绿、紫、黑、白七色，或红、黄、绿、紫、黑五色拼接成彩袖，用布或绸缎夹条缝制成套袖筒，色彩艳丽夺目，极富民族特色。外套黑色坎肩，腰系刺绣宽腰带或丝绸腰带，足穿绣花鞋。

鎏金银凤冠饰

清代

通长 21 厘米，通宽 14 厘米，通高 9 厘米

土族妇女佩戴的头饰。此件为银质鎏金，前面挂一排工艺精细、展翅欲飞的凤凰。从造型上看，妇女脑后挽起高高的发髻，上盖一条黑色的头巾，再戴上这种头饰，走起路来随着身体的摆动而摆动，所以形象地称它为"凤凰三点头"。

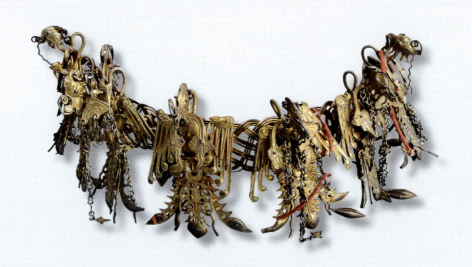

土族适格扭达

现代

长 39 厘米，宽 26.5 厘米

"扭达"是土族妇女早期的帽饰，因地域不同，式样有八九种之多。这种头饰先用当地产的一种柔软有弹性的草做成骨架，再用硬纸和粗布条粘糊后制成。其正面贴上金银箔片，再粘上数层折叠起来的五色彩布条，周围镶嵌着一圈一圈的云片，边缘垂吊两层红黄两色的小丝穗，每层20多条，额部垂吊着数十条10多厘米长的红丝穗。戴"扭达"时，将头发梳披于两侧，发梢上折，绾在两鬓间，呈扇形。

土族黑布白云纹鞋

现代

长 25.25 厘米，高 7.6 厘米

圆头，双梁，布底，以白、黑布为原料，黑布做面，把剪成涡纹图案的白布镶在鞋面上，中间长方形三点纹饰将涡纹连接在一起，是土族男子喜欢穿的称为"拉云子"的绣花鞋，也是姑娘赠给男方的定情礼物。在迎娶姑娘的当天，由娘家人当众给女婿穿上的"拉云子"绣花鞋，以显示姑娘的刺绣手艺。

土族红布绣花三寸金莲鞋

现代

长 12 厘米，高 12.2 厘米

土族刺绣高腰女鞋

现代

长 24 厘米，宽 9 厘米，高 34.5 厘米

黑布，高腰，圆头，布底，单梁。鞋尖装饰彩色短穗，盘绣。鞋右跟缝合处有竖行盘绣。鞋面盘绣法的线迹，针脚细密，线条紧凑，颜色搭配讲究，结实厚密，凸显了土族刺绣艺术的魅力。盘绣是土族独有的一种绣法，其复杂巧妙，汇集了古老土族文化的深刻内涵。是土族妇女一生的必修课。

土族刺绣前褡

现代

长 68.5 厘米，宽 16 厘米

土族刺绣前褡

现代

长 68 厘米，宽 17 厘米

土族黑绿布刺绣凤凰针扎

现代

长 43 厘米，宽 9.8 厘米

钟形，分壳和瓢两层，外壳分正反两面，正面绿底刺绣一凤凰，反面刺有精美花卉。为了增加针扎外壳的贴合度，施针加固，依次将钟形外边缘进行对称式缝合，仅留顶部的缺口作为内瓢，瓢口处内衬棉里，在瓢边缘以"狗牙花"进行陪衬，下垂彩穗。一般都是成对坠于妇女大襟的最后一个盘扣上。妇女绣活时拿放方便，得心应手。

土族红蓝布刺绣花卉针扎

现代

长 37 厘米，宽 6.3 厘米

六边形，分壳和瓢两层，壳正反两面都刺绣精美花卉，依次将六边形针扎外壳边缘进行对称缝合。留顶部的缺口作为内瓢，瓢口外内衬棉里，在瓢边缘以"狗牙花"进行陪衬，下垂彩穗。针扎既是装饰，又是妇女带针线的有用之物。

土族红黄布刺绣花卉针扎

现代

长30厘米，宽7.2厘米

土族粉红布刺绣牡丹套镜方形挂饰

现代

长30厘米，宽5.7厘米

土族刺绣袖筒

现代

长 28.3 厘米，宽 13.5 厘米

土族刺绣袖筒

现代

长 26.3 厘米，宽 13.5 厘米

土族烟袋

民国时期

高 16.5 厘米，宽 11 厘米

筒状，撮口，圆底，上半部咖色，
下半部由蓝、红、黄绸缝制而成，
配色协调，鲜艳夺目。

土族轮子秋

国家级非物质文化遗产项目

轮子秋，人们在平整宽阔的麦场上把卸掉车棚的大板车车轴连同车轮一道竖立起来，稳固重心，朝上的一扇车轮上平绑一架长木梯，梯子两端牢系绳圈，使之旋转，同时表演出各种令人瞠目结舌的惊险动作。

▌ 土族婚礼
国家级非物质文化遗产项目

　　土族婚礼，一般分提亲、定亲、送礼、婚礼仪式、谢宴等程序。其间所涉及歌舞的种类近二十种，如要唱"道拉"、哭嫁歌、迎娶歌，要跳安昭舞，要对歌等，被誉为"歌舞剧"式的婚礼。

▌安昭

国家级非物质文化遗产项目

　　安昭，多在婚嫁等节庆时候表演，表演时不拘场地，不限人数，按照男前女后的次序结对围成圈，按顺时针方向围绕着家园中央的嘛呢杆，边歌、边舞、边转，也叫"转安昭"。

土族盘绣

国家级非物质文化遗产项目

土族盘绣，以黑色纯棉布做底料，用红、黄、绿、蓝、紫、白等彩色丝线绣制，一般作盘线的那根线挂在右胸，作缝线的那根线穿在针眼上。上针盘，下针缝，一针二线，使2毫米大小的圈圈，均匀排列在缝线上。

土族盘绣是土族服饰中不可或缺的装饰品，始终贯穿在土族服饰中，如最具代表性的大包腰带、前襟等，都要用大量的盘绣来完成。衣领、袖口等细微处也要有盘绣装饰。土族盘绣在针法配色图案等方面都别具一格，具有很强的民族特色。盘绣图案主要以"太阳花""富贵不断头""万字头"为主。盘绣非常讲究配色，一件盘绣图案不光色泽鲜艳，而且具有很强的立体感。

土族盘绣大包腰带

现代

长 362 厘米，宽 34.2 厘米

土族盘绣大包腰带

现代

长 358 厘米，宽 35.5 厘米

土族盘绣胸饰片

现代

长 14.3 厘米，宽 14 厘米

土族黑布盘绣云纹衣领

现代

长 43 厘米，宽 10 厘米

土族黑布盘绣回纹衣领

现代

长 42.1 厘米，宽 10 厘米

土族盘绣背包

　　金黄织锦背带,方形,翻盖。红底,四周由蓝、绿、黄盘绣带依次镶边,中部白底刺有花卉,下部装饰有彩色穗。盘绣的针法十分独特,操针时,同时配两根色彩相同的线,一作缝线,一作盘线。作缝线的那根线穿在针眼上,上针盘,下针缝,一针二线,绣的成品厚实华丽,经久耐用。

土族黑布盘绣团花腰带

现代

长 84.7 厘米,宽 14.1 厘米

土族刺绣小包腰带

现代

长 373 厘米，宽 17.8 厘米

土族刺绣花卉钱包

现代

长 40 厘米，宽 16 厘米

■ 传统箭术（南山射箭）

国家级非物质文化遗产项目

　　南山射箭是流行于乐都区的一项传统体育项目，在当地有"南山射箭，北山跑马"之称。每到夏季，乐都南山地区各乡镇都举办射箭比赛，深受当地群众喜爱。

■ 元宵节（九曲黄河灯俗）

国家级非物质文化遗产项目

　　该灯会每三年举办两次，点灯为期三天，灯会样式按"太极生两仪、两仪生四象、四象生八卦、八卦成九宫"的阵法设计总城、城壕、胡同、内城、仪门等。灯城栽高杆 16 个，每个高杆都挂高灯一盏，并按五方不同的方位分别悬挂不同色彩的神幡。

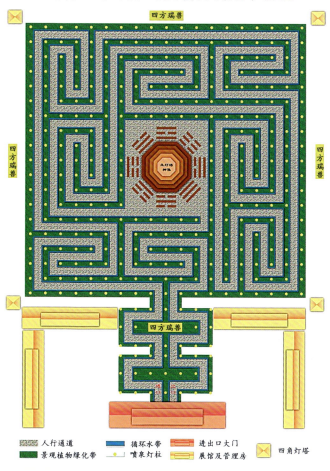

九宫八卦灯阵建设项目规划平面图

四方瑞兽

四方瑞兽

四方瑞兽

四方瑞兽

人行通道　　　循环水带　　　进出口大门

景观植物绿化带　　喷泉灯柱　　展馆及管理房　　四角灯塔

■ 藏族婚宴十八说
省级非物质文化遗产项目

　　藏族婚宴十八说是流传在青海东部农业区藏族聚居地的一种民间口头文学，贯穿于整个藏族婚礼，有说有唱，需要十余人几天完成，分为祭神、梳辫、哭嫁、出路歌等十八道程序。

■ 河湟剪纸
省级非物质文化遗产项目

　　河湟剪纸的制作方法主要是剪和刻两种，以阴剪法和阳剪法为主，用料上以普通大红纸为主，有时也用蜡光纸、红宣纸和其他材料。题材有动物、花卉以及风土人情、吉祥图案等。

"文成公主进藏"民间剪纸

现代

长 147 厘米，宽 82 厘米

牧民人家剪纸

现代

高 150 厘米，宽 100 厘米

▌河湟刺绣
省级非物质文化遗产项目

河湟刺绣以平绣为主，还有盘绣、拉锈、网绣、锁绣等绣法。一般绣在鞋、袜子、腰带、辫筒、枕头、衣领、衣袖等处，以及颇具观赏性的荷包、钱包、笔包等上面。内容有人物、动植物、花鸟及吉祥图案等。

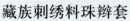

藏族刺绣料珠辫套

现代

长 109 厘米，宽 17.5 厘米

辫套是藏族妇女服饰中的背饰之一。每逢节日，藏族的女子将秀发编成 108 条小辫。分别装入两个辫套内。这件辫套用彩线绣有各种花卉图案和方形、长方形图案，并在长方形中嵌有红色料珠，辫套下坠穗，色彩艳丽，装饰庄重，给人以美的享受。

蒙古族黑绸刺绣嵌白扣辫套

现代

长 102 厘米，宽 10.3 厘米

黑绸底，嵌有六排白扣，上部一排 6 粒由刺绣网格纹饰隔开，再由 3 排 9 粒白扣对称排列，由刺绣网格纹饰隔开，下部有同样刺绣将白扣隔开，绣的网格纹及花卉布局合理，是一件具有代表性的蒙古族辫饰精品。

盘绣"太阳花"挂件

现代

长 45 厘米，宽 45 厘米

省级非遗传承人苏晓莉提供

河湟刺绣"桃花"挂件

现代

长 45 厘米，宽 45 厘米

省级非遗传承人苏晓莉提供

丹噶尔皮绣"六娃闹春"

现代

长 80 厘米，宽 80 厘米

青海省二级民间工艺师郝启秀提供

■ 灯彩（湟源排灯）

国家级非物质文化遗产项目

　　湟源排灯形式多样，有长方形、卧桥形、梅花形、扇子形、立柜形、椭圆形等，框边雕刻极为精细考究，大都由四格组成，意为"春夏秋冬"。一般长 2、高 0.6、厚 0.4 米左右，前后面分 3~6 档，每档画一图案，内容取自历史故事、民间故事等。

木雕扇形排灯

现代

通长 100 厘米，宽 47 厘米，厚 10 厘米

湟源排灯的框架用上好木料制成，框边雕刻精细考究，木雕扇形排灯框架雕刻藏族装饰图案"吉祥八宝"和传统吉祥图饰"蝙蝠纹"，表达出人们对吉庆有余和接福纳祥的追求。中间绘制山石、竹林、菊花，画面清新高雅，寓意优美，色泽动人。

手提式排灯

现代

高 35 厘米，宽 24 厘米，厚 30 厘米

木质框架，用绳和灯笼式装饰物使木质提把与排灯主体相连，排灯底部用红色线穗装饰，正反面用剪纸图案装饰，一面是草原上两位藏族青年骑着牦牛的场景，一面是龙剪纸图案，排灯两侧用吉祥纹饰装饰，艺术地表达了人们对乡土的热爱和对美好生活的追求。

骆驼泉传说
国家级非物质文化遗产项目

相传七百多年以前，位于中亚撒马尔罕的尕勒莽和阿合莽兄弟，率领同族，牵了一峰白骆驼，驮着一本《古兰经》来到今循化境内，历经艰辛的白骆驼最终安详地静卧在街子东面的沙子坡下泉水中。后来，人们便将这眼清泉命名为"骆驼泉"。

沈平《白骆驼图》

现代

长 195 厘米，宽 80.5 厘米

画面人物为缠头，全脸胡，大鼻子，吹着笛子，腰间系带，身披披风，脚穿长靴，双腿盘坐在地，骆驼抬头，平卧在缠头人肩膀边表现得很温顺。作品视觉舒服，画面优美，有意境，有魅力。

《古兰经》

长 60 厘米，宽 45 厘米，厚 8 厘米

原件藏于循化撒拉族自治县古兰经珍藏馆。《古兰经》作为伊斯兰教的经典，是穆罕默德归真后由继承人欧斯曼莱等人收集后抄录的定本，共 30 卷。《古兰经》确立了伊斯兰教的基本教义和制度，同时反映了穆罕默德时代阿拉伯半岛希贾兹地区的社会现实和伊斯兰教传播过程中的斗争简史。

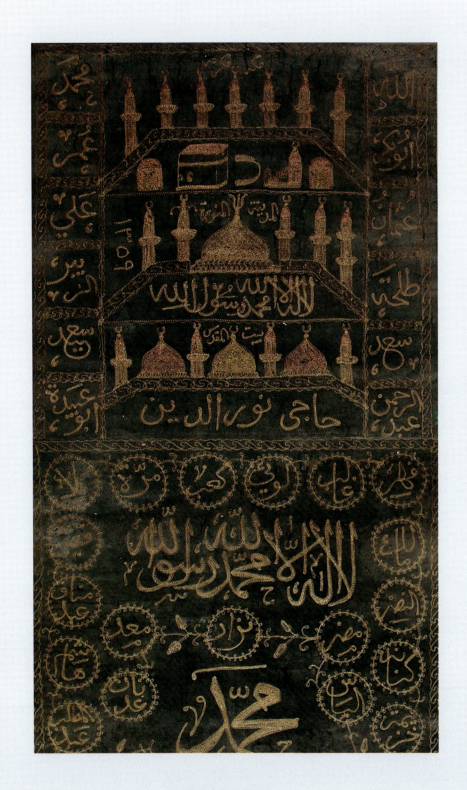

布刺绣穆斯林图

清代

高 136 厘米，宽 69 厘米

撒拉族民歌

国家级非物质文化遗产项目

　　撒拉族民歌根据内容和音乐特点可分为劳动歌（号子）、玉尔、花儿、宴席曲、宗教歌等。

　　劳动歌曲具有与劳动节奏紧密吻合的特点，旋律性强，大多为一人领唱，多人合唱的形式，声调高亢明亮，主要有连枷号子、伐木号子、渡船号子、收割号子等。

　　"玉尔"是撒拉族人民用本民族语言演唱的一种传统情歌，多在田间、野外演唱。

撒拉族铜口弦

现代

长 4.4 厘米，宽 1.4 厘米

口弦是流传在青海省循化撒拉族自治县撒拉族群众中的一种民间乐器，它小巧玲珑，长一寸左右。其制作方法是，用铜或银打成细窄马蹄形状，中间放一根铜丝，尖端弯曲。口弦的发声原理是铜片弹拨震动发声，嚼含在口腔内，用上下牙夹住，铜片朝外用手指弹奏。

撒拉族陶埙

现代

直径 8.9 厘米，高 6 厘米

陶埙分为雅埙和颂埙。雅埙体积大，在雅乐中应用。颂埙体积小，常在雅乐之外的其他宫廷音乐中应用。埙是中国迄今所发现的最早的吹奏乐器之一，此件陶埙是用黏性较强的红土和成泥，再捏成两片喇叭花形状，然后将两片边对接粘拢在一起，不留缝隙，在合缝处戳一小气孔，正面再开两个发音小孔，便形成了我国古乐器——埙。

撒拉族带把铜壶

民国时期

高 20.3 厘米，腹径 14.1 厘米

铜质，素面，直口，筒状盖，折腹，圈足，长把手。把手顶部有一圆筒环，由壶盖、壶身、壶把、壶流组成，是撒拉族人民日常用的一种生活用品。

■ 撒拉族婚礼

国家级非物质文化遗产项目

　　撒拉族传统的婚礼仪式多在每年的隆冬季节举行，从订婚到举行婚礼仪式需要经过相亲、打发媒人、送订婚茶、送聘礼、念合婚经、送嫁、回门等几个程序，大约半年时间。

■ 撒拉族服饰

国家级非物质文化遗产项目

撒拉族男子一般戴白色圆顶帽，身穿白汗褡，外套黑坎肩，腰系布绸带，下身穿黑、蓝大裆裤，脚穿布料鞋。青年妇女喜欢穿颜色鲜艳带大襟的上衣，外套黑、紫色坎肩，下身着各色长裤，脚穿绣花布鞋。

画图纹

■ 撒拉族篱笆楼营造技艺

国家级非物质文化遗产项目

撒拉族篱笆楼的楼体框架由质地良好的松木构成，墙体用杂木枝条编织，两面抹上草泥。其建筑布局有横字式、拐角式、三合院式等，建筑形体有三、五、六间型。底层楼墙为石砌篱笆混做，上层为木板篱笆混做，土平顶。

大石墁边

墙顶砌饰砖瓦

刨光框架

编笆

■ 撒拉族皮筏子

省级非物质文化遗产项目

把 12 ～ 20 个大小不同的山羊皮经过剃毛、充气、扎口后制成"水皮袋"，捆绑于窗格式木檩框架上而组成筏子，利用空气浮力而漂流或横渡黄河，主要用于运送人员、货物等。

■ 藏族螭鼓舞

国家级非物质文化遗产项目

螭鼓舞流传于青海省循化撒拉族自治县藏族聚居区。男舞者头戴五佛冠吉祥帽，身披金色菱形披肩，左手执鼓，右手拿鞭，边击边舞，无乐器伴奏。基本动作为"上步前屈膝腿跳"，每段变换一种队形，顺时针方向走圆圈，以及方阵、螭摆尾、斜线交叉等。

第二单元　民族风情

　　广袤无垠的高原草地,五彩缤纷的民族风情,这里是南丝绸之路必经之地,世居青海的藏族、蒙古族等民族在长期的生产生活中,以草原文化为主汲取外来优秀文化,形成了独具特色的本民族风情,延续着民族文化的根脉代代相传。"那达慕""汗青格勒""德都蒙古全席""藏族服饰""阿柔逗曲""藏族拉伊""青海湖祭海"等众多的文化遗产和民族风情承载着民族的精神依托与情感寄寓,展现出丰富多彩、独具风格的灿烂民族文化。

▌藏医药浴法

联合国教科文组织人类非物质文化遗产代表作名录项目

　　藏医药浴法，是藏族群众以土、水、火、风、空"五源"生命观和隆、赤巴、培根"三因"健康观及疾病观为指导，通过沐浴天然温泉或以烈香杜鹃、刺柏、藏麻黄、水柏枝、大籽蒿五种藏草药为主药煮熬的水汁或蒸汽，调节身心平衡。

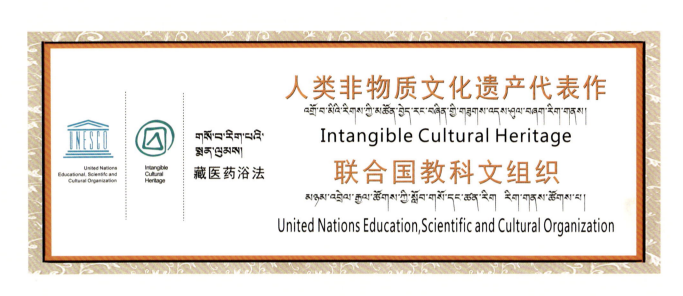

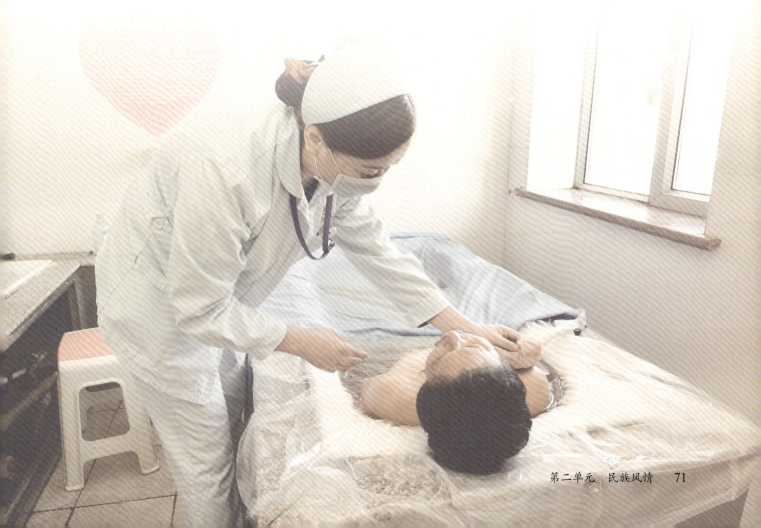

■ 藏医药（藏药阿如拉炮制技艺）
国家级非物质文化遗产项目

　　"阿如拉"是"诃子"的藏文音译，是君子科植物诃子或绒毛诃子。它的根可医治人体骨骼病，茎可医治肌肤病，树枝可医治人体四肢的病，叶子可医治人体经络病，树皮可治疗皮肤病，花可医治人体五官病。

■ 藏医药（藏医放血疗法）
国家级非物质文化遗产项目

　　放血疗法是通过割刺有关脉道和痛点，将坏血排出体外，起到通经活络、去淤消肿、治疗疾病的作用。

■ 藏医药（七十味珍珠丸赛太炮制技艺）

国家级非物质文化遗产项目

　　七十味珍珠丸是藏医临床治疗脑血管疾病常用的药物，选用青藏高原特有的动植物及矿物类药，采用赛太、佐太、天然牛黄、藏红花等七十余味名贵藏药，经传统藏药炮制工艺加工而成。

■ 藏医药（尤阙疗法）

国家级非物质文化遗产项目

　　尤阙疗法包括治疗者、治疗物、治疗位三部分。治疗者必须得到传承人的传授后方可进一步学习并实施治疗；治疗物即为治疗棒；适应证大部分为寒性疾病，禁忌包括病、位、时三部分。

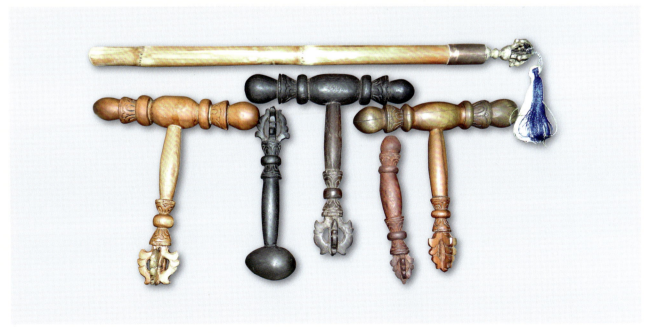

藏式皮药袋

清代

长 34 厘米，宽 24 厘米

牛皮制，用于盛装藏草药，边缘处拴有木制标签，上书内装草药的具体名称。

二十五味大烫散的功能与主治：开胃、愈溃疡、止血，用于久治不愈的身倦体重、肝区疼痛、食欲不振、月经过多、鼻衄。

卡茄松觉散的功能与主治：保肝利胆、活血化瘀、解郁安神、清热解毒、平肝明目、杀虫止血、清热解毒、散风止痛。

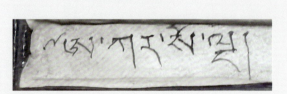

十五味沉香散的功能与主治：去瘟热，祛风，益肺，可治疗咳嗽气促、肺癌疾等。

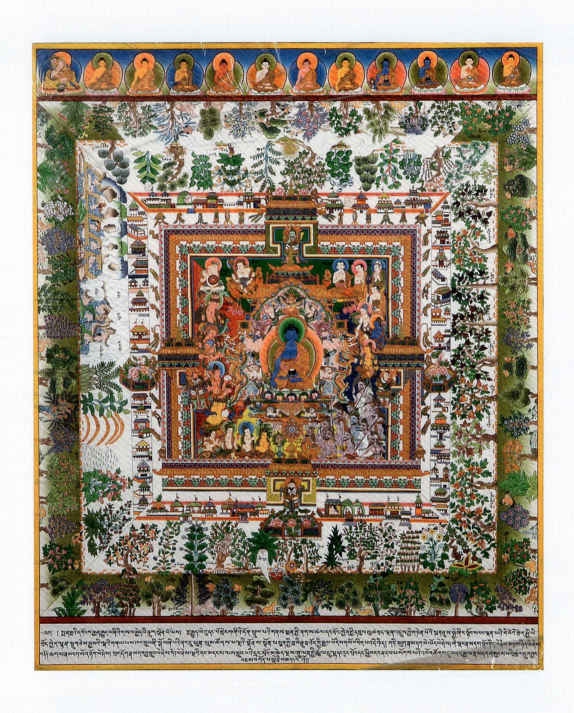

彩绘药王城唐卡

现代

通高 70 厘米，通宽 60 厘米

《四部医典》图书

现代

长 75 厘米，宽 28 厘米

《四部医典》形成于公元 8 世纪，由著名藏医学家宇妥·宁玛云丹贡布所著，是一部集藏医药医疗实践和理论精华于一体的藏医药学术权威工具书，被誉为藏医药百科全书。《四部医典》共分四部，第一部纲领性地论述人体生理、病理、诊断和治疗。第二部详细阐述了人体生理解剖、病理、病因、药物性能、诊断方法和治疗原则。第三部论述各种疾病的诊断和治疗。第四部论述了脉诊、尿诊、方剂药物的配伍，药物的炮制、功能和给药途径以及外治法等。

藏药浴颗粒

现代

青海省藏医院提供

▌中医诊疗法（海西民间青盐药用技艺）

国家级非物质文化遗产项目

海西民间青盐药用技艺常用坛罐、铁或铜铲子和铜锅作为其施治的器具，施治方法有筛查患者、高压烘焙法、辨穴位或部位、察气色、定温度及镇疗法等。

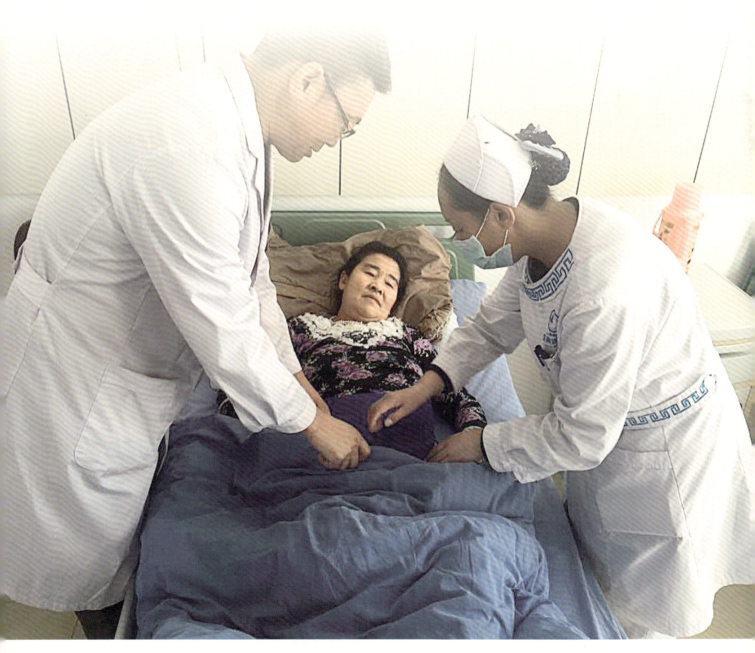

青海湖祭海
国家级非物质文化遗产项目

　　每年农历七月十五日在青海湖畔举行，其仪轨包括煨桑，诵经，抛洒纸风马，献哈达、白酒、五色粮食等各色祭物。之后由法师带领众喇嘛面向湖岸边祈愿众生吉祥幸福、国泰民安，祭祀者向湖中投掷祭物。礼毕，在湖边举行赛马、赛牛、射箭等民族传统体育活动。

■ 回族宴席曲
国家级非物质文化遗产项目

亦称"莱曲儿"，其中门源回族自治县的宴席曲最具代表性。宴席曲分为表礼、叙事曲（大传）、五更曲、打枉辩（打搅儿）、散曲、舞蹈六个类型。流传非常广泛的曲调有《莫奈何》《白鹦歌》《方四娘》等。

藏族服饰（华热藏族服饰）

国家级非物质文化遗产项目

　　聚居于青海省门源县仙米、珠固一带的华热藏族，男式藏袍宽、长、大，衣长过体，不用纽扣，在穿着时提到膝部，劳作时袒露右臂，右袖空垂于后。妇女夏季戴白色尖毡帽，穿布袍；冬天戴"四片瓦"的四耳皮帽，身穿狐皮领、水獭皮嵌边的貂面皮袍。

■ 阿柔逗曲

国家级非物质文化遗产项目

　　阿柔逗曲是青海省祁连县藏族群众在节庆、婚礼宴席上营造氛围、演唱助兴必不可少的娱乐方式，内容以赞美大自然、讴歌英雄事迹、描述民族习俗和祝福幸福吉祥为主，其曲调独特，旋律舒缓，生活气息浓厚。

■ 汗青格勒

国家级非物质文化遗产项目

　　蒙古族人民创作的英雄史诗，讲述了英雄汗青格勒通过一系列艰苦卓绝的斗争，先后降服蟒古斯和凶恶的汗王，从魔窟中解救百姓的故事。

▍蒙古族民歌

国家级非物质文化遗产项目

　　海西蒙古族民歌以声音舒缓自由、曲调悠扬舒畅而闻名。音乐特征中有时从头到尾主音反复，主旋律大起大落；结尾部分，一般都有"愿国家安宁""愿父母长寿"等祈祝词。

马头琴

现代

长 100 厘米，宽 27 厘米

马头琴，因琴头雕饰马头而得名，是蒙古族
民间拉弦乐器。马头琴由共鸣箱、琴头、琴
杆、弦轴、琴马、琴弦和琴弓等部分组成。
共鸣箱呈正梯形，琴箱框板多使用榆木、红
木或桑木等硬杂木制成，上下两框板的中央
开有装入琴杆的通孔，左右侧板上分别开有
出音孔，琴箱正背两面蒙以马皮、牛皮或羊
皮，皮面上彩绘民族图案为饰。演奏马头琴
时，通常采取坐姿，将琴箱夹于两腿中间，
琴杆偏向左侧。马头琴所演奏的乐曲具有深
沉、粗犷、激昂的特点，体现了蒙古民族的
生产、生活的草原风格。

■ 那达慕

国家级非物质文化遗产项目

那达慕在蒙古语中意为游戏娱乐的意思，每年在农历七八月间举行，主要竞技项目有摔跤、骑马、射箭、马术、田径、球类比赛等，同时举行物资交流会。

蒙古包营造技艺

国家级非物质文化遗产项目

　　蒙古包营造技艺由架木和苫毡的制作及装饰等环节构成，它集木工、刺绣、雕刻、绘画、编织等为一体，以木头、毛绳、毡子为三大主要材料，其圆形结构造型减少了风雨和沙尘对蒙古包的袭击。

青海蒙古达罗牌

省级非物质文化遗产项目

样式分为花牌、筒牌、生肖牌三种形式，共分 100 张、64 张、120 张三种，可供两人和四人玩耍，玩法与国际扑克牌、桥牌和中华麻将牌有相似之处，麻将的点数是 1~9，而达罗的点数是 1~12。

海西蒙古族民间祭火

省级非物质文化遗产项目

祭火是蒙古族传统祭祀活动之一，即祭火神、祭灶神。一般在正月初一，各家各户祭火。集体祭火一般在盛大活动上举行，定期祭火在农历腊月二十三日。

蒙古族火坛铝模型

现代

高 12 厘米，长 12.3 厘米

火镰

清代

长 24.5 厘米，宽 12 厘米

藏族、蒙古族群众取火用具。通常镰套由皮子
制成，镰刃部及周身有金掐丝锤镖缠枝纹，镶
嵌有绿松石、玛瑙等饰物。制作时将两片镰用
螺钉固定，上部铆铜环。旧时用于取火，当代
佩戴在腰间来作佩饰。

蒙古族祭祀煨磉五谷包

现代

长 20 厘米，宽 15 厘米

五谷，指的是五种谷物，古代主要有两种说法：
一种指稻、黍、稷、麦、菽，另一种指麻、黍、稷、
麦、菽。两者的区别是，前者有稻无麻，后者
有麻无稻，五谷在佛教和道教仪规中地位极高，
被视为天地之精华的吉祥物。民间则将五谷作
为辟邪之宝。

▌蒙古族服饰

国家级非物质文化遗产项目

　　蒙古族服饰以袍服为主，便于鞍马骑乘。长袍身端肥大，袖长，多蓝、红、黄、绿色。按用途可分为冬季服饰、夏季服饰、生活服、婚礼服等。蒙古族服饰离不开刺绣，男女服饰各有特色。

德都蒙古全席
国家级非物质文化遗产项目

　　"德都蒙古全席"是蒙古族宫廷宴的延续，并从古至今以活态形式传承的独特习俗。"德都蒙古全席"是德都蒙古三大宴席：须弥尔席（白食盛宴）、全羊席（红食盛宴）、图德席（素食盛宴）的综合。

■ 抬阁（湟中千户营高台）

国家级非物质文化遗产项目

　　在高台底部是木制台板，台板中央竖一根高3米左右的铁杆，铁杆上面设置有踏板，踏板上以站姿固定着8岁左右的儿童演员，扮演成各种人物，四个壮年抬起木架高抬，由两人手执"木拐"，左右两边扶持架上的人物。

■ 塔尔寺藏传佛教 "花架" 音乐

国家级非物质文化遗产项目

　　塔尔寺 "花架" 音乐是专为酥油花制作、展供演奏的音乐。每年从农历十月至腊月，在酥油花制作过程中，上下花院的两支乐队为各自酥油花院的重要制作环节演奏相关乐曲。正月初八至十七日的祈愿大法会期间和正月十五晚展供酥油花时正是 "花架" 音乐演奏的集中期。

湟中陈家滩传统木雕

省级非物质文化遗产项目

陈家滩木雕技艺按用途划分，有建筑木雕、家具木雕、宗教木雕、观赏陈设木雕等；按工艺划分，有线刻、浅浮雕、高浮雕、透雕、圆雕等，创作中往往将多种雕刻技法并用。

木雕鸾凤牡丹镜屏

现代

高 26.5 厘米，直径 19 厘米

镜屏，是指镜背后的衬物。这件木雕镜屏采用手工雕刻，屏面立于兽形三足之上，主体纹饰为鸾凤与牡丹相配，称为"凤穿牡丹"，寓意四季平安、富贵吉祥。整件器物比例得当，雕刻线条流畅，画面栩栩如生，集实用性与观赏性于一体。

木雕释迦牟尼像

现代

高 33 厘米，宽 15.3 厘米

木镂雕佛龛

现代

高 84 厘米，宽 70 厘米

这件佛龛纯木质，各部分用榫卯相接固定，顶部图案为两龙相对，龙腾行于祥云、海水之中，中部用镂雕手法绘出莲花、智慧剑等吉祥图案，分两行排列。下部留空，用于放置佛像。

木雕龙凤呈祥镜屏

现代

直径 19 厘米，高 27 厘米

木雕鸾凤祥云镜屏

现代

直径 19 厘米，高 25 厘米

木雕炕桌

现代

长 70 厘米，宽 35 厘米，高 27 厘米

塔尔寺酥油花
国家级非物质文化遗产项目

酥油花是用酥油塑造的艺术形象，其制作分六道工序，即扎骨架、制胎、敷塑、描金束形、上盘、开光。酥油花构图严谨、造型准确、比例协调、色彩艳丽、人物众多、景物繁密、场面宏大。一般在每年农历正月十五灯节时展出。

▌湟中堆绣

国家级非物质文化遗产项目

　　堆绣采用各色绸缎剪出人物形状和各种图案，在其背后填充羊毛、棉花等物，逐一绣在黑色底子的大幅布幔上，使画面产生丰富生动的立体感和织物特有的肌理感，达到浅浮雕式的艺术效果。

堆绣狮面挂饰

现代

长 154 厘米，宽 53 厘米

上面的狮子头（曾果头）是棱堆技法，真丝缎堆贴，填充羊毛或者棉花使其富有立体感。下面的布条是锦缎织锦的装饰物，中间是黄蓝红绿四种如意宝，这件藏品最有特色的是中间的马尾绣缝边的堆绣，非常精美别致。

▌ 藏族刺绣（贵南藏族刺绣）

国家级非物质文化遗产项目

　　贵南藏绣又称贵南"针线"，包括平针、缠针、套针、跳针等十余种针法，构图饱满，图案粗犷，绣法质朴，具有浓郁的民族地方特色，又融合了汉民族农耕文化的元素。

藏绣作品《藏獒》

湟中壁画

省级非物质文化遗产项目

湟中壁画颜料多用矿物质颜料，着色牢固，经久不变色。壁画内容大多取材于佛经黄教诸密乘经典，其构图饱满，极富装饰性，色彩沉着而艳丽，用笔流畅自然，线条古朴大气，与周围环境协调统一。

藏族唐卡（化隆唐卡）

国家级非物质文化遗产项目

　　化隆唐卡，绘制程序复杂，包括绘前仪式、制作画布、构图起稿、勾线定型、着色染色、铺金描眼、开眼、装裱开光等。其题材内容涉及历史文化、民间传说、天文历算、建筑、医学等领域。

化隆唐卡作品《武财关公》

加牙藏族织毯技艺

国家级非物质文化遗产项目

    加牙藏毯，主要分布在湟中加牙村及所在地上新庄。其原材料来自天然放养的藏系绵羊毛、山羊绒、牦牛绒等，通过低温染纱、低温洗毯、连环编结法等工艺流程，成品具有色泽艳丽、弹性好和不脱色掉毛的优良品质。

1. 纺线

2. 染色

3. 编织

4. 打纬

木制藏毯编织机

现代

高 225 厘米，宽 175 厘米，
厚 77 厘米

藏毯编织工具

现代

铁耙子长 27 厘米，宽 5
厘米，高 7 厘米

纺线机

现代

长 60 厘米，宽 60
厘米，高 90 厘米

"莲花蝶恋"纹藏毯

现代

长 120 厘米，宽 100 厘米

"十样锦边梅桂景堂"纹藏毯

现代

长 150 厘米，宽 90 厘米

"牛头吉祥"纹藏毯

现代

宽 70 厘米，高 64.5 厘米

"郎久旺丹"纹藏毯

现代

长 51 厘米，宽 41 厘米

柿蒂纹藏毯

现代

长 50 厘米，宽 50 厘米

"六字真言"纹藏毯

现代

长 51 厘米，宽 61 厘米

湟中银铜器制作及鎏金工艺

国家级非物质文化遗产项目

　　湟中银铜器其工艺有选料、化银、开坯、构图、成型等道工序，以形薄、光亮、质纯等特点而著称，大致分为日用器皿和宗教法器等。铜器加工的主要流程为：下料、焊接、灌胶、构图、抛光等。

　　鎏金，是把金和水银合成的金汞剂涂在银、铜器表层，加热使水银蒸发，使金牢固地附在银、铜器表面不脱落的技术。

1. 化银

2. 开坯

3. 构图

4. 造型

5. 灌胶

6. 錾刻

7. 焊接

8. 抛光

吉祥四海瓶

现代

高 39 厘米，腹径 17 厘米，
口径 10 厘米

以白银和黄金鎏金为原料纯手
工制作，整个四海瓶身是一体
敲打制作完成，两边焊接象头，
瓶颈和瓶底部錾刻出吉祥莲花
纹，瓶身为一带一路图案（沙
漠、轮船、高铁、世界地图），
是錾錾的手法錾刻出立体图
案，并用传统的鎏金技艺鎏金，
主要的寓意是响应习近平提出
的"一带一路"开发性、包容
性的合作平台，共建共享的联
动倡议而设计制作。

藏族民歌（藏族酒曲）

国家级非物质文化遗产项目

　　青海藏族民歌主要由"勒""拉伊"两大部分组成。"勒"是青海藏族人民庆祝、娱乐、聚会时唱的一种民间歌谣，因多在婚庆筵席等庆祝性的活动中演唱，故又称酒曲。大致分为"乔勒"（赞歌）、"勒卡才日"（逗趣歌）、"勒扎喜"（祝福歌）等。

▮ 藏族拉伊

国家级非物质文化遗产项目

　　"拉伊"是在青海安多地区广泛流传以表达爱情为主的山歌。完整的对歌有一定的程序，如引歌、问候歌、相恋歌、相思歌、相离歌、尾歌等。代表性的曲目有《酥油与红茶》《红色珊瑚》等。

藏族扎木聂弹唱

国家级非物质文化遗产项目

扎木聂是一种历史悠久的藏族弹拨乐器，有四弦琴、六弦琴、十六弦琴、二十弦琴等种类，其中六弦琴以琴体大小适中、弹拨适宜、便于随歌舞动，深受群众喜爱，普遍流传于海南地区。

藏族乐器扎木聂

现代

长 115 厘米，宽 25 厘米

则柔（尚尤则柔）

国家级非物质文化遗产项目

尚尤则柔是海南州贵德县河西镇下排村藏族群众在逢年过节、喜庆集会时表演的歌舞。表演时，舞者身着节日盛装，在院落或室内即兴表演，基本形式是双人对舞，动作轻松优美，富有藏族舞蹈屈、圆、稳、颤、跳、嬉的特点。

庙会（贵德六月庙会）

国家级非物质文化遗产项目

贵德庙会主要围绕着周屯村的二郎庙和刘屯村的文昌庙展开。基本过程是请神出庙、出村，走转一些佛寺、家庙。当二郎神轿与文昌神轿相会时，互相挨靠、相互叩拜问候，分别时两神轿又复来往去地互相送别，恋恋不舍。庙会持续 2 至 3 天。

佛教音乐（青海藏族唱经调音乐）

国家级非物质文化遗产项目

　　青海藏族唱经调主要流传在兴海县赛宗寺及加吾沟、桑当、河卡等农牧区，由"嘛呢式唱经调""米拉日巴及曲拉哇贡保多杰对唱式唱经调""迎接护法神式唱经调"三部分组成。其中，"米拉日巴与曲拉哇贡保多杰对唱式唱经调"以诗歌形式向信众宣传佛法，"护法神迎接式的唱经调"主要在各种大型法会上演唱。

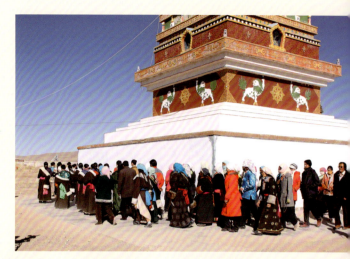

■ 藏族服饰

国家级非物质文化遗产项目

　　在藏族传统历史地理概念中，我国藏族分布地区划分为"卫藏""安多"和"康"三大区域，其中"安多"区域为阿尼玛卿山以北至祁连山以西广阔的草原。

　　青海安多藏族服饰的基本服制多为大襟、长身、长袖、肥腰、无兜的藏袍，衣服质料多以羊皮为主，兼有绸缎、毪氇等布料。随季节不同，一般分为皮、夹两类。饰品包括耳环、项链、戒指、辫套等，腰部佩戴藏刀、奶钩、火镰盒、针线盒等。

第三单元 文化生态保护（实验）区

文化生态保护区，是指对历史文化积淀丰厚、存续状态良好、具有重要价值和鲜明特色的文化形态，进行整体保护的特定区域。设立文化生态保护区是我国独具特色的非遗保护制度。2007 年以来，全国先后批准设立了 23 个国家级文化生态保护区，青海省有 3 个，数量居全国首位，分别是热贡文化生态保护区、格萨尔文化（果洛）、藏族文化（玉树）生态保护实验区。

热贡文化生态保护区

■ 热贡艺术
联合国教科文组织人类非物质文化遗产代表作名录项目

　　热贡艺术主要流行于黄南藏族自治州同仁县隆务河流域的吾屯、年都乎、郭玛日等村落，是以藏族民间艺人为主，通过唐卡、泥塑、堆绣、石刻、木雕、版画、建筑彩绘等表现形式，展现藏传佛教、神话故事、史诗、藏族历史人物以及传统知识的造型艺术。

唐卡是藏语音译词，是一种平面的布质卷轴画。唐卡一般绘制于布或丝绢之上。首先要根据画面的大小，将白布拼接成长方形，用绳子绷在长方形木框之上，在底布两面均匀地涂上一层加入了骨胶或牛角胶的糊状白垩粉，目的是将底布表面的细孔填平。待其晾干后，用光滑的鹅卵石反复打磨，直到看不到布纹为止，再用炭笔起稿作画。用颜料绘制的唐卡，藏语称为"止唐"。

不动佛黑金唐卡

现代

长 120 厘米，宽 80 厘米

彩绘文殊菩萨唐卡

现代

长 150 厘米，宽 90 厘米

四臂观音红唐卡

现代

长 120 厘米，宽 80 厘米

唐卡绘制颜料

现代

这些颜料为矿物或植物颜料，矿物颜料主要有金、银、珍珠、赭石、绿松石、朱砂、青金石、珊瑚等，植物颜料主要有藏红花、大黄、胭脂等。用矿物颜料或植物颜料绘画的唐卡色泽纯正，色彩艳丽，保存时间长久。依据唐卡背景颜料色彩的不同又分为彩绘唐卡（彩唐）：用多种植物或矿物质颜料绘制而成；金汁唐卡（金唐）：用金色颜料或金粉做背景的唐卡；朱砂唐卡（红唐）：用朱红色或朱砂做背景，金汁绘画的唐卡；黑色唐卡（黑唐）：黑色背景上用金汁或朱砂绘制的唐卡。

带玛瑙研磨棒瓷研磨器

现代

高 5 厘米，直径 12 厘米

线斗

现代

长 7 厘米，宽 4 厘米

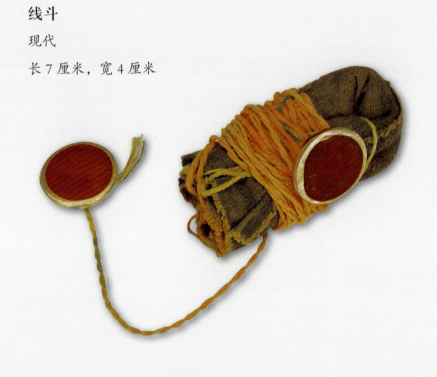

红珊瑚

现代

直径 0.7 厘米，厚 0.4 厘米

画笔

现代

高 25 厘米，直径 7.5 厘米

泥塑木工具

现代

最长 25.5 厘米，宽 3 厘米

泥塑四臂观音像

现代

高 35 厘米

头戴佛冠，着大环耳饰、项饰、胸饰、手镯，中央两手合掌于胸前，另外两手施说法印。面相丰满，柳叶细眉，微微弯曲，双目微闭，自然下视。小口紧抿，寂静含笑。整体比例协调，工艺精湛，线条清楚，是一尊难得的泥塑四臂观音。

藏戏（黄南藏戏）

联合国教科文组织人类非物质文化遗产代表作名录项目

黄南藏戏属于安多语系藏戏的一个重要支系，其产生、发展与隆务寺密不可分。藏戏手势指法、身段步法和人物造型，吸收寺院壁画中的人物形态，融入寺院宗教舞蹈及藏族民间歌舞等素材。演出剧目除八大传统藏戏外，还有《格萨尔王传》《国王官却帮》《公保多吉听法》等剧目。

▍土族於菟

国家级非物质文化遗产项目

　　"於菟"(wū tú),意为老虎,是同仁县年都乎土族村落的一种古老的民间祭祀活动,每年农历的十一月二十日这一天,七名事先选好的青年男子扮演"於菟",活动分为诵念平安经、人神共舞、祛疫逐邪、谢神返身等仪式。

同仁刻版印刷技艺

国家级非物质文化遗产项目

同仁刻版印刷技艺，以家庭传统作坊为形式，刻版的范围主要有经文、书籍、绘画图案等；题材主要为祭祀山神、农事耕作、节令习俗等；工艺流程分为造纸、刻版、印刷等程序。其刀法规整、字体隽秀、线条流畅。

藏文木印经板

民国时期

最长 25 厘米，宽 8.6 厘米，厚 2.9 厘米

明永乐九年（1411 年），明成祖朱棣刊印了中国第一部木刻版藏文大藏经，此后各类木刻经板层出不穷，雕版印刷技术一方面加速了藏传佛教的传播与发展，另一方面对藏族历史、科学文化、艺术的记载保存传播也起到了十分重要的作用。刻板大多将桦木截取加工成为长 40 ~ 50、厚 2.5 ~ 3 厘米的长条形木板，经过干燥、平整处理后，由藏文书写者严格按照《藏文书法标准四十条》和印版的尺寸、内容书写，然后由刻版工匠完成刻写。

▍热贡六月会

国家级非物质文化遗产项目

　　热贡六月会是流传在同仁地区藏族、土族群众中的大型祭祀表演活动，于每年农历六月十七日至六月二十五日之间举行。

　　祭祀活动以请神、祭神、舞神、送神等内容构成。歌舞表演活动主要分为三大类：拉什则（神舞）、勒什则（龙舞）和莫合则（军舞）。

热贡六月会·龙鼓

现代

长 48 厘米，宽 45 厘米

石雕（泽库和日寺石刻）

国家级非物质文化遗产项目

　　和日寺石刻是以石材为原料的一种藏族民间雕刻艺术，流传于泽库县和日寺及周边地区。包括经文雕刻和佛像雕刻两大类型及线刻、浮雕、圆雕等技艺形式，石刻佛像造型舒张丰满、线条流畅。

■ 和日寺石经墙

"六字真言"石刻

现代

长 21.8 厘米，宽 9.8 厘米

"牦牛"石刻

现代

长 14.2 厘米，宽 10.8 厘米，厚 1.8 厘米

"宝瓶"石刻

现代

高 15 厘米，宽 11.5 厘米，厚 2 厘米

"象驮宝珠"石刻

现代

高 11.8 厘米，宽 15 厘米，厚 1.8 厘米

这件石刻在当地取材，经修整、打磨后，采用减
地法、线刻、浅浮雕等技法，錾刻出身披丝毯、
锦衣的大象驮着摩尼宝珠图案。大象在佛教中是
佛陀的坐骑，是平安、吉祥、和睦的象征。

铁刻刀

现代

最长 13.4 厘米，直径 0.5 厘米

尖扎达顿宴
国家级非物质文化遗产项目

　　"达顿"藏语意为"神
箭之宴"。达顿节是一个以
民间射箭和对唱情歌为主要
载体，将"五彩神箭"比赛、
民间歌舞、说唱艺术和美酒
佳肴融为一体的安多藏族综
合性竞技文艺活动，一般持
续四至五天。

格萨尔文化（果洛）生态保护实验区

阿尼玛卿雪山传说
国家级非物质文化遗产项目

　　在藏族神话传说中，阿尼玛卿山神是开天辟地九大造化神中的第四兄弟，阿尼玛卿山神身躯魁伟、体格健壮，他头戴银盔，身披银甲，手持倚天长剑，骑玉龙白马，震慑群魔，保卫着四方平安。

■ 格萨（斯）尔

联合国教科文组织人类非物质文化遗产代表作名录项目

　　藏族英雄史诗《格萨尔》现存共有120多部，2000多万字，是世界上最长的一部英雄史诗，讲述了格萨尔王为救护生灵而投身下界，率领岭国人民降伏妖魔、抑强扶弱、安置三界、完成使命，最后返回天国的英雄故事。

艺人类型	艺人特点	青海省著名艺人
神授说艺人	这类艺人大多在得到"神授"前识字甚少，不会说汉语，但在一夜之间梦中学会说唱或在一场大病之后掌握了说唱技艺。	才让旺堆
撰写艺人	这类艺人一般从小喜爱《格萨尔》的故事和民间流传的各种传说，且好读书学习，他们所写的《格萨尔》故事，情节脉络清楚，语言文字优美。	格日尖参
圆光说艺人	该类艺人并不是完全用自己的记忆或闻知学会《格萨尔》的故事，而是通过"圆光"术这一来自藏族古老宗教文化的占卜方式而感悟乃至复知过去的《格萨尔》故事。	才智
吟诵艺人	这类艺人是后天的喜好使得他们选择了说唱。他们从小学习藏文，刻苦学习格萨尔王的故事，达到比较熟练的程度，一般会讲一两部或一些片断。	昂日娜玛多杰
闻知说艺人	即指那种通过听别人说或是诵读史诗刻本便具备说唱能力的艺人，这一类艺人只能说唱几部史诗。	李加班玛加
传承说艺人	这种艺人是以祖上将所掌握的史诗传给后代的方式来传承《格萨尔》说唱，分为口耳相传、抄本相传两种形式。	布特嘎
掘藏说艺人	这类艺人很少，多为宁玛派僧侣。他们依靠自己的缘分挖出前人埋藏在地洞、岩洞等地的《格萨尔王传》，再说唱给民众。	图登达吉

树脂格萨尔王像

现代

高 34 厘米，宽 13 厘米，
底座长 24.5 厘米

木格萨尔王面具

现代

长 43 厘米，宽 29 厘米

藏文《阿达拉姆》图书

现代

长 21 厘米，宽 14 厘米

阿达拉姆作为格萨尔王的爱妃之一，她的个性或形象跟其他妃子有着明显的区别，主要在于她是从邪恶的角色转变成善良的角色，"改邪归正"是定夺她双重角色的一个主要特点。本书主要讲述了阿达拉姆从出生到进宫，而后格萨尔王去汉地时，作为其宠妃的阿达拉姆病死，阎罗王见阿达拉姆罪孽深重因此判她下十八层地狱。格萨尔王回岭国后，得知此事去地狱与阎罗王论理，并下到十八层地狱，终于在阿鼻地狱找到阿达拉姆并将她拯救出来，同时还超度了十八亿亡灵到极乐世界。

藏文《托岭之战》图书

现代

长 21 厘米，宽 14.5 厘米

本书主要讲述了格萨尔王年少时，托茹苯图讨伐岭域，烧杀抢掠，豪取强夺，岭国受到了很大的损失。在此之后，托茹南卡尖参继承了托茹南卡苯图的王位。而他却贪图岭国的疆域及财富，不听忠臣谏言只顾争名立势因此引发了托岭大战。格萨尔王为首的岭国众将为了复仇以及使托城百姓免于生灵涂炭，英勇反抗，最后战胜了敌人攻占了托城，从此托城百姓过上了安居乐业的生活。

藏文《南岭绵阳宗》图书

现代

长 21 厘米，宽 14.5 厘米

本书主要讲述了格萨尔王闭关修行时，空行母预言收降北方南木赤王的时机已成熟。格萨尔王出关后召集岭国上、中、下各领域将士，明确传达了空行母预言；并派使者前往各宗传达讨伐北方南木赤王的军令。格萨尔王亲领岭国勇士抵达搭斯时，北方霍域和南方穆域等四大宗的将士也都聚集到了搭斯，并一同前往北方南木赤域讨伐南木赤王。格萨尔王亲自上阵杀敌，岭国众英雄奋勇杀敌，经过艰苦的奋战后最终降伏了南木赤王。

■ 藏戏（青海马背藏戏）

国家级非物质文化遗产项目

马背藏戏，以草原为背景，以马背为舞台，再现英雄故事，主要在果洛藏族自治州内流传。融入藏族古典文学、音乐、舞蹈、美术、马术表演等艺术形式，通过说唱、舞蹈和逼真的马术表演再现剧中所描绘的历史场景及故事情节。

■ 藏族民间传说（年保玉则传说）

国家级非物质文化遗产项目

　　相传很久以前，年轻的藏族猎人搭救了化身为小白蛇的山神年宝玉则的独生儿子，后来又杀死了企图霸占年宝玉则的恶魔。山神为了报恩，将公主嫁给了猎人。以后，猎人有了三个儿子：昂欠本、阿什羌本、班玛本，逐渐形成了上、中、下三果洛。

■ 班玛藏家碉楼营造技艺

国家级非物质文化遗产项目

　　碉楼，原料为普通石块，用泥土黏合，不吊线，不绘图，全凭经验。其壁面能达到光滑平整，不留缝隙。碉楼一般分为两层或三层，上层堆放粮食，中层住人，下层圈养牲畜。多建于向阳坡地，一般都傍山，外形呈阶梯形。

藏族唐卡（班玛马尾钉线绣唐卡）

国家级非物质文化遗产项目

亦称集成唐卡，是以马尾作为重要原材料，运用刺绣、堆绣及绘画等多个手工技艺制作的唐卡，有白纸构图、绘画打样、定格打磨、绘画描摹、马尾绕线、马尾刺绣、刺绣碎片裁边、绘画人物开眼、刺绣碎片堆集成画、刺绣碎片绘画拼接、加工唐卡边饰等十多道工序。

"空行母"马尾钉线绣唐卡

现代

长 90 厘米，宽 40 厘米

藏文书法（果洛德昂洒智）
国家级非物质文化遗产项目

　　德昂书法多擅长书写乌金体（楷体）、乌梅体（行书），兼有大黑体、小黑体、圆体、兰扎体（古印度梵文体）以及艺术体等。其楷行之书结体横重竖轻，笔力遒劲雄强。

德昂洒智长条书法

现代

长 210 厘米，宽 43.5 厘米

藏族文化（玉树）生态保护实验区

■ 藏族民歌（玉树民歌）

国家级非物质文化遗产项目

　　玉树民歌以"勒""拉伊""闯勒""古莫"以及歌谣类的"琼勒"（酒歌）、"均勒"（夯墙歌）以及婚礼曲、迎宾曲、挤奶曲等种类构成。一般为三段式，第一、二段喻物，第三段点题。

弦子舞（玉树依舞）

国家级非物质文化遗产项目

　　"弦子"又称"依"，是男女参与的一种玉树民间舞蹈。以"弹跳""踢腿""甩袖""转裤""交错步"等动作为特点，伴奏乐器有牛角胡、竹笛、锣鼓、碰铃和手风琴等，舞蹈队形自始至终由圆圈和半圆圈交替变换，象征圆满吉祥。

锅庄舞（玉树卓舞）

国家级非物质文化遗产项目

　　锅庄舞，又称为"卓"，藏语意为圆圈歌舞，从性质上可分"木卓"和"曲卓"两类。"曲卓"限于特定的时间、场合或宗教节庆等进行表演。"木卓"表演的随意性很大。舞者手臂以撩、甩、晃为主变换舞姿，队形按顺时针行进，圆圈有大有小。

■ 锅哇（玉树武士舞）

国家级非物质文化遗产项目

　　表演队形以转圈为主，旌旗导前，长号开道，一人击钹领舞，其后有一至二名持剑拿盾的舞者，其余皆持剑握弓。随着领舞者击钹、击节而舞，中间穿插着说"锅斜"（道白）、唱"锅勒"（锅歌）。多在寺院庙会或重大礼仪性场合表演。

■ 赛马会（玉树赛马会）

国家级非物质文化遗产项目

　　玉树赛马会于每年农历七月下旬至八月初在玉树扎西科草原举办。主要内容有跑马射箭、乘马射击、跑马拾哈达、跑马倒立等马术表演，还有远距离跑马赛、牦牛赛以及民间传统歌舞、民族服饰表演等。

传统帐篷编制技艺（青海藏族黑牛毛帐篷制作技艺）
国家级非物质文化遗产项目

　　黑牛毛帐篷制作工艺比较复杂，首先要选择上好的黑牛毛，捻成粗线，织成宽约
30厘米的褐单子，将若干褐单子拼接缝合成片，即成帐篷。帐篷由帐顶、四壁、横杆、
撑杆、绳子、木橛子等组成。

藏族服饰（玉树藏族服饰）

国家级非物质文化遗产项目

玉树地区藏族男女饰品对比

	头饰	耳饰	项饰	腕饰	腰饰
男	缠长发辫，长辫上套"巴苏太古"，辫梢续一簇长丝穗。	男式耳环（哇达），多为圆形，上有一珠孔，一般镶绿松石。	多戴两颗珊瑚珠夹一颗天珠的项链，间配以绿松石、珍珠等其他珠宝。	在玉树称戒指为"格雅"，手镯为"亮得"。男女均戴戒指，多为鞍形藏式戒指或手镯，一般嵌珊瑚、玛瑙、翡翠、天珠、绿松石等珠宝。还有珍珠、珊瑚、绿松石、象骨珠等串成的念珠和串珠。	以"武"为主，佩带长腰刀、短刀、弹带、弹盒、火镰、嘎吾等。
女	梳细辫，到辫梢收拢成一条，缀有丝穗。头饰以黄色球状琥珀为主，辫带上缀有绿松石、珊瑚枝。	女式耳坠（多那），下端多垂吊珊瑚珠和金丝银链串成的额花坠。	女的平常戴一串项链，盛装时戴2-8串，每串约有30颗珠宝。		女式藏刀、针匣、奶钩、嘎吾等配饰。

藏族金属锻造技艺（藏刀锻制技艺）

国家级非物质文化遗产项目

　　又称安冲藏刀，其外部镶饰材料主要有金属叶片、珊瑚、绿松石等，刀鞘上刻有龙、凤、花草、宝瓶等纹样。最大特点是刀柄部分采用黄金、白银、紫铜、黄铜等不同色泽的金属材料交错镶饰，显得华丽多彩。

1. 模具

2. 珍孔

3. 煅烧

4. 炼银

5. 焊接

6. 装饰

玉树安冲腰刀

现代

长 26 厘米，宽 10 厘米

康巴拉伊

国家级非物质文化遗产项目

　　康巴拉伊是流传于玉树地区的康巴藏族民歌，分为祭歌、颂歌、竞歌、谜歌、情歌、别离歌、祝福歌等。其曲调有的深情、悠扬，有的雅致、端庄。

藏族唐卡（藏娘唐卡）

国家级非物质文化遗产项目

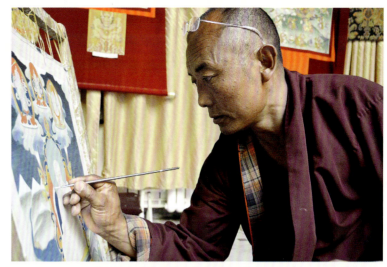

藏娘唐卡作为通天河流域的传统文化与传统技艺，按形制可分为"吏册""达册""支册""扎勒"等，其艺术风格特点表现为造像度量严格，色彩明快，底色厚重，善用灰色表现皮肤。藏娘唐卡的绘画技艺基本上是家族内或者师徒言传身授的方式传承。

■ 藏娘唐卡作品《无量寿佛》

藏族鎏钻技艺

国家级非物质文化遗产项目

　　首先将十八种草木灰和八种矿物质研磨成粉，按特定配方，用药水调和，涂抹在待修复的铜质器件上。然后用羊皮或牛皮包裹捂紧，在锅中投入大量的盐和富含皮硝的泥土，经过二十一天蒸煮，再将器物充分与空气接触，适时涂刷药水，达到修旧如旧的效果。

以鋈铑技艺修复的八十四大成就者（之一）古铜像

明代

高143厘米，宽50厘米

■ 锅庄舞（称多白龙卓舞）

国家级非物质文化遗产项目

称多白龙卓舞是玉树州称多县称文镇白龙村一带流传已久的民间古典舞蹈。其特点是动则为舞，如巨龙腾飞，矫健明朗；静则为歌，如雄鹰飞翔，高远稳健。其唱词结构严谨，韵律整齐，语言通俗易懂。

锅庄舞（囊谦卓干玛）

国家级非物质文化遗产项目

囊谦卓干玛集表演性和娱乐性为一体。表演时男女围成一圈载歌载舞，舞蹈轻松、活泼，从中表现出很多游牧、农耕、狩猎及图腾崇拜意味的动作，以"颂神""颂五谷丰登""颂六畜兴旺"为主要内容。

■ 陶器烧制技艺（藏族黑陶烧制技艺）

国家级非物质文化遗产项目

　　主要流传于青海省玉树藏族自治州囊谦县吉曲乡山荣村。其原材料选用当地的红胶土和黏土石，经捣碎成末、筛选、拉坯、晾晒、修整、压光、绘制等工艺，烧制过程中严格控制温度和湿度，使陶坯在烟熏过程中炭粒渗入陶坯，最后成为黑陶。

玉树黑陶龙柄带流壶

现代

高 22 厘米，腹宽 21.5 厘米，
底径 10 厘米

青海省文化生态保护（实验）区

文化生态保护区，是指对历史文化积淀丰厚、存续状态良好，具有重要价值和鲜明特色的文化形态进行整体保护的特定区域。设立文化生态保护区是我国独具特色的非遗保护制度。自 2007 年国家设立首个国家级文化生态保护实验区以来，全国先后批准设立了 23 个国家级文化生态保护区，青海省有3 个，数量位居全国之首。分别是热贡文化生态保护区、格萨尔文化（果洛）生态保护实验区、藏族文化（玉树）生态保护实验区。同时，青海省还设立土族（互助）、循化撒拉族、德都蒙古（海西）、河湟文化（海东）4 个省级文化生态保护实验区。

近年来，青海省委省政府高度重视文化生态保护实验区建设，坚持把加强文化生态保护作为生态立省战略的重要内容，围绕"遗产丰富、氛围浓厚、特色鲜明、民众受益"的目标，加强顶层设计，加大资金投入，打造特色品牌，聚焦重大战略协同发力，文化生态保护（实验）区基础不断夯实，内涵不断丰富，区域特色文化品牌影响力不断增强，实现了非物质文化遗产活态传承、整体性保护、可持续性发展，为促进青海经济社会发展和民族团结进步提供了有力的文化支撑。

2008 年、2017 年文化和旅游部先后两次在黄南召开全国文化生态保护实验区建设经验交流座谈会，热贡文化生态保护建设走在了全国前列。2019 年，热贡文化生态保护（实验）区通过文化和旅游部验收，正式成为国家级文化生态保护区。目前，青海省 3 个国家级文化生态保护（实验）区、4 个省级文化生态保护（实验）区已成为新的文化旅游目的地和增长级。

■ 玉树卓舞

▌玉树歌舞

▌玉树藏族服饰

■ 玉树藏族服饰

■ 玉树赛马会

■ 艺人演唱玉树民歌

■ 格萨尔文化（果洛）生态保护实验区

■ 格萨尔狮龙宫殿文化艺术节

■ 格萨尔说唱艺人才智

■ 马背藏戏

▌格萨尔赛马称王剧照

▌玛域格萨尔文化旅游节

■ 格萨尔藏戏面具

■ 格萨尔石刻形象

热贡文化生态保护区

■ 美丽的吾屯村

■ 四合吉六月会

■ 热贡龙鼓舞

■ 土族於菟

■ 黄南藏戏

■ 2008 年国家文化部批准文化生态保护实验区

■ 传习

■ 哈达迎亲人

■ 欢乐的那达慕

■ 德都蒙古全席盛宴

■ 海西蒙古族剪发礼

■ 吟诵祭火词

■ 那达慕大会上的歌舞表演

■ 土族轮子秋大赛

■ 土族宴席曲

丹麻土族花儿会

传授土族盘绣

土族民俗展览馆

春节期间安召舞表演

循化撒拉族文化生态保护实验区

■ 撒拉族婚礼

■ 撒拉族服饰

■ 皮筏子渡黄河

■ 撒拉族家园

■ 撒拉人家

■ 撒拉族饮食习俗

联合国教科文组织人类非物质文化遗产
代表作项目名录（共计6项）

1. 格萨（斯）尔
2. 花儿
3. 热贡艺术
4. 藏医药浴法
5. 藏戏
6. 皮影戏

国家级非物质文化遗产
代表性项目名录（共计88项）

一、民间文学9项

1. 格萨（斯）尔
2. 拉仁布与吉门索
3. 康巴拉伊
4. 汗青格勒
5. 藏族婚宴十八说
6. 阿尼玛卿雪山传说
7. 骆驼泉传说
8. 祁家延西
9. 藏族民间传说（年保玉则传说）

二、传统音乐15项

1. 老爷山花儿会
2. 丹麻土族花儿会
3. 七里寺花儿会
4. 瞿昙寺花儿会
5. 藏族拉伊
6. 藏族民歌（玉树民歌）
7. 藏族民歌（藏族酒曲）
8. 回族宴席曲
9. 藏族扎木聂弹唱
10. 佛教音乐（青海藏族唱经调音乐）

11. 塔尔寺藏传佛教"花架"音乐
12. 青海汉族民间小调
13. 撒拉族民歌
14. 蒙古族民歌
15. 阿柔逗曲

三、传统舞蹈9项

1. 弦子舞（玉树依舞）
2. 锅庄舞（玉树卓舞）
3. 锅庄舞（称多白龙卓舞）
4. 锅庄舞（囊谦卓干玛）
5. 土族於菟
6. 藏族螭鼓舞
7. 则柔（尚尤则柔）
8. 安昭
9. 锅哇（玉树武士舞）

四、传统戏剧3项

1. 藏戏（黄南藏戏）
2. 藏戏（青海马背藏戏）
3. 皮影戏 （河湟皮影戏）

五、曲艺 4 项

1. 贤孝（西宁贤孝）
2. 青海平弦
3. 青海越弦
4. 青海下弦

六、传统体育游艺与杂技 3 项

1. 传统箭术（南山射箭）
2. 赛马会（玉树赛马会）
3. 土族轮子秋

七、传统美术 11 项

1. 土族盘绣
2. 塔尔寺酥油花
3. 热贡艺术
4. 灯彩（湟源排灯）
5. 石雕（泽库和日寺石刻）
6. 藏文书法（果洛德昂洒智）
7. 湟中堆绣
8. 藏族刺绣（贵南藏族刺绣）
9. 藏族唐卡（化隆唐卡）
10. 藏族唐卡（班玛马尾钉线绣唐卡）
11. 藏族唐卡（藏娘唐卡）

八、传统技艺 11 项

1. 加牙藏族织毯技艺
2. 同仁刻版印刷技艺
3. 陶器烧制技艺（藏族黑陶烧制技艺）
4. 藏族金属锻造技艺（藏刀锻制技艺）
5. 撒拉族篱笆楼营造技艺
6. 班玛藏家碉楼营造技艺
7. 湟中银铜器制作及鎏金工艺
8. 藏族鎏钴技艺
9. 传统帐篷编制技艺（青海藏族黑牛毛帐篷制作技艺）
10. 蒸馏酒传统酿造技艺（青海青稞酒传统酿造技艺）
11. 蒙古包营造技艺

九、传统医药 6 项

1. 藏医药（藏医药浴疗法）
2. 藏医药（藏药阿如拉炮制技艺）
3. 藏医药（七十味珍珠丸赛太炮制技艺）
4. 藏医药（藏医放血疗法）
5. 中医诊疗法（海西民间青盐药用技艺）
6. 藏医药（尤阙疗法）

十、民俗 17 项

1. 土族纳顿节
2. 热贡六月会
3. 那达慕
4. 土族婚礼
5. 撒拉族婚礼
6. 元宵节（九曲黄河灯俗）
7. 青海湖祭海
8. 抬阁（湟中县千户营高台）
9. 藏族服饰（玉树藏族服饰）
10. 藏族服饰（华热藏族服饰）
11. 藏族服饰
12. 土族服饰
13. 撒拉族服饰
14. 德都蒙古全席
15. 尖扎达顿宴
16. 庙会（贵德六月庙会）
17. 蒙古族服饰

铸牢中华民族共同体意识视域下
青海非物质文化遗产展

黄培培　焦艳宏

【摘要】青海是非物质文化遗产的富集区，多元华彩、特色鲜明的非物质文化遗产不仅是青海悠久历史的见证，也是联结民族情感的载体，更是增强民族凝聚力、铸牢中华民族共同体意识的重要纽带。

【关键词】青海非物质文化遗产；中华民族共同体意识

著名考古学家苏秉琦先生曾提出，中华文明的起源"不似一支蜡烛，而像满天星斗"，意为：新石器时代的中国，直至夏商时期，同时存在着风格各异的众多文明，散布在四面八方，犹如"满天星斗"。最终，众多文明交流、碰撞、融合，相互促进、取长补短、兼收并蓄，中华民族多元一体的中华文明形成，是各民族经过长期的交往、交流、交融历史发展的结果。

青海自古以来就是一个多民族共融、多宗教并存、多文化交融的民族聚居地。汉、藏、回、土、蒙古、撒拉等民族在这片广袤的土地上繁衍生息，创造着悠久、多元的优秀传统文化。青海省博物馆作为展示历史文化、宣传人类文明的窗口和平台，充分发挥其公共文化机构职能，深耕民族团结进步教育，秉持以铸牢中华民族共同体意识为主导思想，不断加强宣传民

族团结，共同建设伟大祖国，共同创造美好生活意识形态主阵地的作用。

2021 年策划推出的"非物质文化遗产精品展"原创展览，分为三个单元：河湟神韵、民族风情、文化生态保护（实验）区。第一单元，主要讲述河湟地区独特的人文地理和环境风貌所孕育出的多民族文化交融、互鉴、并存，极具意蕴的非物质文化遗产。如"花儿""河湟曲艺""河湟皮影戏""土族纳顿节""撒拉族婚礼"等非遗项目。第二单元以丝绸之路为基点，讲述以草原文化为主的世居民族——藏族、蒙古族非物质文化遗产，在保留本族文化的基础上汲取外来优秀文化形成了独具特色的本民族风情和独具风格的灿烂民族文化。如"那达慕""汗青格勒""德都蒙古全席""藏族服饰""阿柔逗曲""藏族拉伊""青海湖祭海"

等。第三单元展示了 2007 年以来，全国先后批准设立的 23 个国家级文化生态保护区中青海省的热贡文化、格萨尔文化（果洛）、藏族文化（玉树）3 个国家级文化生态保护区。同时，展示了省级文化生态保护区积淀丰厚、存续状态良好的历史民族文化。

"以铜为镜，可以正衣冠，以人为镜，可以明得失，以史为镜，可以知兴替。"

在中华民族共同体历久弥新的过程中，既有历史留下的有形的文化遗迹遗存，还有宝贵的非物质文化遗产，交相辉映间展开了各族文化历史画卷。

重视民族历史、研究历史、借鉴历史，唤起各民族丰厚的共同历史文化记忆，让各民族的传统文化在中华文明的沃土中生根发芽，枝繁叶茂，百花齐放。

加强对民族历史文化的保护与传承，树立正确的国家观、历史观、民族观、文化观。积极发挥博物馆资源优势，不断充实博物馆在铸牢中华民族共同体意识的重要教育作用。

中华民族是在历史长期的发展过程中，形成了交融汇聚、密切联系、相互依存、多元一统的大格局。这充分证明各民族共同创造并书写了光辉灿烂的历史文化，共同开拓了幅员辽阔的疆域，共同培育了伟大的民族精神。

黄河孕育了中华文明，黄河上游、湟水流域、大通河流域孕育了高原的千年文明，河湟文化也因此传承至今，绵延不断，孕育出灿烂的马家窑文化、宗日文化、齐家文化、卡约文化。河湟地区是中原地区与西部少数民族地区的纽带，是黄土高原和青藏高原的接壤之地，也是农耕文化与草原文化的结合部。在历史的演进过程中，河湟地区因各种文化的碰撞交融，六个世居民族和其他各族人民，共同创造出多元并存与交融互补的文化特性。河湟文化是黄河文化的有机组成部分，更是中华文化的一部分，以其悠久的历史、深厚的底蕴、多元的要素、丰富的内涵构建独特的精神滋养。

撒拉族是信仰伊斯兰教的青海独有的少数民族，高亢明亮的撒拉族民歌、隆重的撒拉族婚礼、艳丽的撒拉族服饰、独特的撒拉族篱笆楼营造技艺，这些国家级非物质文化遗产项目无不诉说着撒拉族独具一格的民族风情和民族文化。

通过撒拉族早期的服饰演变，可以看到在民族形成初期，有穿藏服信仰伊斯兰教的文化现象。据《循化志》卷四记载："撒喇各工，番回各半。""考撒喇各工，皆有番庄。查汗大寺（工）有二庄，乃曼工有六庄，孟达工有一庄，余工亦有之。且有一庄之中，与回子杂居者。"可见，撒拉族和藏族的关系是比较密切的，几百年来一直存在着"夏尼"（意即本家）的关系。撒拉族传统话剧《多依欧以拿》（骆驼戏），则是充分体现了撒拉族与蒙古族之间的友好关系和深情厚谊。故此，从民族学的角度看，各民族在成长过程中就是一个交往、交流、交融的历史进程。

在海北藏族自治州海晏县、祁连县的大山深处，生活着一些头戴回族白顶帽，脚蹬蒙古族长靴的人，他们说蒙古语、藏语和他们自己的"方言"，信仰伊斯兰教的"托茂人"。随着时间的推移，生活在草原上的托茂人在语言、风俗习惯、文化传统等方面均和青海当地的其他民族有了良好的交融发展。"托茂"现象，也是观察中国大地上多民族融合、多元共生的绝佳案例。

在第三单元展示了《格萨尔王传》是世界上唯一一部至今还在不断发展的"活态史诗"，格萨尔史诗从诞生流传1000多年来，存世有150余部，150多万行，1000万字以上，是人类口头艺术的杰出代表，有着远超世界上大多数史诗的篇幅和规模。它讲述了格萨尔王为救护生灵而投身下界，率领岭国人民降伏妖魔、抑强扶弱、安置三界、完成使命，最后返回天国的英雄故事。是世界上最长的一部民族英雄史诗，是青藏高原古代社会的大百科全书，对于"格学"的研究具有历史和现实的双重意义。这部著作不但凝聚着藏族、蒙古族、土族、裕固族、纳西族等多民族的历史文化、生活习俗，生活经验和情感体验，也是多种文化元素哺育及民间艺人创造的文化遗产，而且更深层地折射出爱国主义和民族友谊建构的中华民族共同体意识，体现了中华各民族文化既各具特色又多元一体，从"文学的共同体"到中华民族共同体所具有的深刻联系和共通性。《格萨尔王传》史诗是人类极为珍贵的文化遗产，在现在依然传唱不已，经久流传。2009年9月《格萨尔王传》被联合国教科文组织列入"人类非物质文化遗产代表作名录"。

博物馆是集收藏、保护、研究、展示和教育于一体的公共文化机构。民族藏品作为博物馆的核心资源之一，除了藏品本身的基本信息外，还需挖掘更深层次的文化信息，这些信息经过系统的整理后才能发挥其传播、服务、教育的功能。让文物说话，以史鉴今，高效推进开展铸牢中华民族共同体意识的全面教育。青海省博物馆依托有形和无形的文化遗产，通过富有内涵的、灵活多样的叙事展览呈现青海非物质文化遗产整体面貌，帮助受众实现自我身份的追溯，进而增强国家认同、民族认同。以浓厚的民族文化、丰富的藏品展示、鲜明的主题陈列，通过多种隐性教育形式，沉浸式的互动体验，让各族群众享有更充实、更丰富、更高质量的精神文化生活，以契合新时代筑牢中华民族共同体意识建设要求。

长期以来，青海大地上的各民族都有着礼尚往来和文化交流的共同情感，有着共同辛勤耕耘的经历，这种民族融合都离不开民族源远流长的历史文化背景、民族心理认同和血脉相承的执着信念。一部中国史，就是一部各民族交融汇聚成多元一体中华民族的历史，就是各民族共同缔造、发展、巩固统一的伟大祖国的历史。

文化是一个民族的魂魄，文化认同是民族团结的根脉，文化认同是铸牢中华民族共同体意识最深层次的认同。

文化认同是铸牢中华民族共同体意识的关键，历史是形成认同的依据。博物馆文物藏品为筑牢中华民族共同体意识提供了丰富的实物资源，在历史上中华各民族在政治、经济、文化方面的交流交融的史实有着丰富的内容，对五十六个民族同呼吸，共命运，你中有我，我中有你，谁也离不开谁的命运共同体的认知有着历史依据①。河湟地区极具神韵，是黄河、大通河和湟水河流过的地方，这里地域辽阔，民族众多，具有独特的人文地理和环境风貌。千百年来这里的人民手足情深、守望相助，孕育出河湟地区多民族文化交融并存、独具特色的非物质文化遗产。"花儿""河湟曲艺""河湟皮影戏""土族纳顿节""撒拉族婚礼"等这些多民族参与的非遗项目，充满了无穷魅力，散发着迷人的光芒，都是各民族发展的足迹。

河湟神韵部分中青海花儿历史传承悠久。可分为青海大通老爷山花儿会、瞿昙寺花儿会、七里寺花儿会、丹麻土族花儿会。2008 年由青海省和甘肃省联合申报的中国花儿入选联合国教科文组织的人类非物质文化遗产代表名录。青海花儿最早出现于明代。从传统花儿比兴的句子来看，如："阿哥们游过十三省，人伙里挑下个你了"，"十三省"就是明代的区域行政建制，当时湟水流域隶属于陕西行省。而到清朝康熙年间，扩大为 18 行省，湟水流域隶属于甘肃省。明代历史背景的因素明显。而根据《明实录》《甘镇志》等文献，当时湟水流域乃至河湟地区多民族的格局已基本形成，编创花儿的文献资料都有反映，更为直接的佐证资料是，明代万历年间地方官员高洪在今天民和古鄯一带作《古鄯行吟》组诗写道："青柳垂丝夹野塘，农人村女锄田忙，轻鞭一挥芳径去，漫闻花儿断续长。"清代道光年间文人叶礼笔下描写河湟地区风物民情的《甘肃竹枝词》有"高声各唱花儿曲，个个新花美少年"的诗句，民国史学家慕寿祺的《西宁道中》一诗则有"风流曲成调，一路唱花儿"的句子。从这些文人的描写中，我们也能清晰地了解花儿在湟水流域有传唱数百年的历史。因此可以说，这些世居民族正是河湟花儿的编创者，也是青海花儿的传承者和享用者。花儿生存传承传播以湟水流域为主的青海西部地区。

青海素有"花儿的故乡""花儿的海洋"的美誉，"言花儿即言青海"的文化现象。常把青海花儿视为多元民族文化特征的地域性文化标志，是汉族、回族、土族、撒拉族和部分藏族、蒙古族等世居民族演唱的民歌，民间也叫作"少年"。河湟花儿依据历史概念，大致是指青海省东部农业区的西宁市一市三县、海东地区六县、海南州贵德县和甘肃省的临夏回族自治州等地，这里是大通河流域及湟水与黄河交汇的地方，因此被称为河湟地区。河湟花儿用赋、比、兴的艺术手法即兴演唱，语言朴实，比兴借喻优美②。花儿反映着河湟生活、爱情、劳动等内容，赢得各民族民众的喜爱，并逐渐丰富起来，最终构成了具有新时期青海民族文化内涵的整体形象。在这片广袤的土地上，催生出多元文化共生的大格局。让民族团结意识植根于大众的心里，不断增强文化认同的基础，促进各民族文化的传承与保护，让传统文化焕发出更加蓬勃的生命力，历久弥新、生生不息。

内涵各异的文化是推动铸牢中华民族共同体意识，汇聚实现中华民族伟大复兴的强大精神动力。

民族文化精神家园是中华民族传承和发展的精神世界，是整个中华民族共同依托、共同传承、共同发扬的文化精神、道德规范、价值体系和情感观念的总和，是中华民族生生不息、团结奋进的动力源泉。各民族所有的非物质文化遗产在形式方法上都蕴含着中华民族共同体意识，为中华民族文化之集大成提供了切实佐证。

青海省黄南藏族自治州同仁县隆务河畔的土族村庄年都乎，在每年农历十一月二十日这天，都要照例举行较大规模的驱魔逐邪的祭祀活动，当地民间将它称为跳"於菟"。"於菟"（wu tu），意为老虎，由七名事先选好的青年男子扮演"於菟"，活动分为诵念平安经、人神共舞、祛疫逐邪、谢神返身等仪式。当地人认为，农历十一月二十是"黑日"，这一天黑夜最长、白昼最短，各种邪祟很容易出来作怪，所以当地人就将男青年打扮成老虎的样子，用于驱逐邪祟，也有学者认为，於菟本身就是邪祟的化身，汉朝跳於菟的仪式在中原地区十分流行。但是虎也因为勇猛的性情，被赋予了更为丰富的文化内涵，拥有了多重的文化个性。虎曾是王权的象征。发生在战国时期窃符救赵的故事中的重要道具兵符就是虎的形象，出土于我省海北州海晏县的虎符石匮，代表着中央政权对青海的统治，它的主体造型也是一只伏虎，出土于我省海南州贵南县的宋朝虎面瓦当，也有着同样的寓意。

"那达慕"，蒙古族语，有游戏、娱乐、游艺等的意思，每年在农历七、八月间举行，是蒙古族最为重要的传统节日。其节日主题以蒙古族传统游牧文化和民间信仰为基础，逐渐演化为集体育竞技、歌舞服饰展演、物资交流娱乐等内容的民族盛会，成为民族文化交流的重要载体。节日文化的传承是民族集体智慧的结晶，也是情感维系、共同记忆的表现。

则柔（尚尤则柔）是海南州贵德县河西镇下排村藏族群众在逢年过节、喜庆集会时表演的歌舞。据考察（据老艺人项秀和尖措口述），距今已有400多年历史。表演时，舞者身着节日盛装，在院落或室内即兴表演，基本形式是双人对舞，动作轻松优美，富有藏族舞蹈屈、圆、稳、颤、跳、嬉的特点。词曲丰富多样，边唱边跳，动作古朴优美，较完整地保留原生态特色。

纳顿节是民和三川地区土族独有的民俗活动。从农历七月十二日一直延续到农历九月十五日结束，被称为"世界上最长的狂欢节"。活动以舞蹈和戏剧表演为主，其正会由跳会手、跳面具舞（傩戏）、跳"法拉"三部分组成，有着鲜明的地方特色。"纳顿"还有一个明显特点就是传统的祭祀活动，同时也是具有"庙会"庆祝丰收的狂欢活动的节日。土族纳顿节历史悠久，源远流长，因此作为土族民间传统文化现象，它是原生态与活形态的最好体现，更是传统文化宝库中一颗璀璨的明珠。

自秦汉时期以来，以中原儒道佛为核心的中华文明和少数民族文化通过交流与融合，形成非物质文化遗产交融复合的共享状态，构筑起中华民族共有精神家园，形成中华民族共同体意识，使各民族之间产生精神向心力和凝聚力。

坚守中华文化初心与立场，促进博物馆民族文化保护传承和创新发展。

博物馆作为文化输出的机构，要不断形成创新发展的长效机制，不断完善创新的发展理念，用数字化资源增添发展新活力。青海省博物馆在重新开馆之际，应用多重数字化手段通过5G虚拟复原等技术手段打造了"一带一路中的大美青海"历史数字展览，历史穿梭门之"瞿昙之美"，AI增强漫游等新型数字化技术为观众打造沉浸式的观展体验。吸引更多的年轻人来博物馆参观学习。不断提升公共服务能力。加强数字化资源建设，创新公共文化服务方式。非物质文化遗产的数字化就是要用数字技术，经过采集、储存、处理、展示、传播将文化遗产转换再现、复原成为可再生、可共享的数字形态，并以新的视角加以阐释，以新的方式活化利用。这种充分利用信息技术将文化遗产转换为数字化的形式，向社会提供文化产品的服务，使文化遗产得到永久的保存与保护，实现文化遗产的再利用，[③]从而体现文化遗产的历史价值。在自媒体信息化时代，受众需要多样化、个性化传播教育模式。青海省博物馆积极利用"二微一网""社会教育五进活动""短视频联播"等形式多样、效果直观的社会教育和服务活动，在文旅融合的背景下，不断推进模式创新、产品创新，输出更多优秀的文化产品，让青海文化产业更好地服务于经济社会发展，在彰显中国价值、中国精神、中国力量中形成传承、传播的长效机制。不断增强博物馆的文化传播力、公众影响力，拓展教育的传播领域，加强青少年教育、社会教育，引导各族人民群众树立正确的国家观、历史观、民族观、文化观、宗教观，让中华民族共同体意识根植群众心灵深处。

青海作为一个历史悠久的多民族聚居地区，在漫长的历史长河中，世居高原的各族儿女创造了绚丽多彩的民族文化，留下了极其丰厚的非物质文化遗产。做好非物质文化遗产的保护、研究、阐释，深入挖掘非物质文化遗产蕴含的有益价值，推动非物质文化遗产的保护利用，更好地服务于社会发展，满足人民群众日益增长的美好生活的需要。历史孕育文化、积淀文明，铸就了中华民族多元一体的历史格局，形成了中华民族独特的精神气质，是我们的宝贵财富。要实现中华民族伟大复兴的中国梦，就必须以筑牢中华民族共同体意识为主线，推动中华民族走向认同度更高、凝聚力更强的命运共同体。坚持文化自信、文明自信，促进各民族广泛交往交流交融，让正确的历史观、民族观、国家观、文化观不断与时俱进，以更基本、更深沉、更持久的力量建设共有精神家园，为铸牢中华民族共同体意识注入生机活力。我们要让中华文化文明更具思想影响力、精神感召力、价值吸引力、民族凝聚力，更好地以史鉴今、开创未来。

参考文献：

①陈育宁：《民族研究要坚持的几个基本观点丨铸牢中华民族共同体意识》，《中国民族报》2022年3月。

②赵宗福：《西北花儿的文化形态与文化传承——以青海花儿为例》，《西北民族研究》2011年第1期。

③吕霞：《青海文化》（非遗卷），西宁：青海人民出版社，2018年。

结　语

　　非物质文化遗产是中华优秀传统文化的重要组成部分，是中华文明绵延传承的生动见证，是联结民族情感、维系国家统一的重要基础。保护好、传承好、利用好非物质文化遗产，对于延续历史文脉、坚定文化自信、推动文明交流互鉴、建设社会主义文化强国具有重要意义。青海非遗保护工作将坚定不移坚持以习近平新时代中国特色社会主义思想和来青海考察时的重要讲话精神为指导，以社会主义核心价值观为引领，坚守人民立场，推动非遗创造性转化、创新性发展，不断满足新时代人民群众对美好生活的新需求。

　　我们礼敬珍视非物质文化遗产，持续围绕构建具有青海特色的优秀传统文化传承体系目标，贯彻"保护为主、抢救第一、合理利用、传承发展"的工作方针，深入实施非物质文化遗产传承发展工程，切实提升非物质文化遗产系统性保护水平，不断增强青海优秀传统文化的生命力和影响力，构建各民族共同的精神家园，用强大的精神力量推动青海文化名省建设及国际生态旅游目的地建设。